아이와 함께 하는
3D 프린팅 실험실

KB137963

손으로 만드는
이 야 기

아이와
함께 하는
3D 프린팅
실험실

CAD 디자인과 STEAM 아이디어로
재미있는 작품 만들기

씨
아이
알

3D Printing and Maker Lab for Kids by Eldrid Sequeira

© Quarto Publishing Group USA Inc, 2020

Text © Eldrid Sequeira, 2020

Photography © Quarto Publishing Group USA Inc, 2020

First Published in 2020 by Quarry Books, an imprint of The Quarto Group.

All rights reserved.

Korean translation edition © 2021 by CIR Co., Ltd.

Published by arrangement with Quarry, a part of Quarto Publishing Plc, London, England.

Through Bestun Korea Agency, Seoul, Korea.

All rights reserved.

아이와 함께 하는 3D 프린팅 실험실

초판인쇄 2021년 1월 27일
초판 발행 2021년 2월 3일

저　　자 엘드리드 세케이라(ELDRID SEQUEIRA)
역　　자 박수영
펴 낸 이 김성배
펴 낸 곳 도서출판 씨아이알

편 집 장 박영지
책임편집 박영지
디 자 인 윤현경, 윤미경
제작책임 김문갑

등록번호 제2-3285호
등 록 일 2001년 3월 19일
주　　소 (04626) 서울특별시 중구 필동로8길 43(예장동 1-151)
전화번호 02-2275-8603(대표)
팩스번호 02-2265-9394
홈페이지 www.circom.co.kr

I S B N 979-11-5610-922-8 03000
정　　가 16,000원

저의 넘치는 호기심을 키워 주신 아버지께 이 책을 바칩니다.

목차

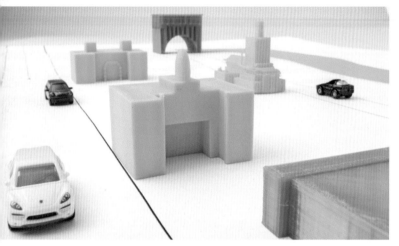

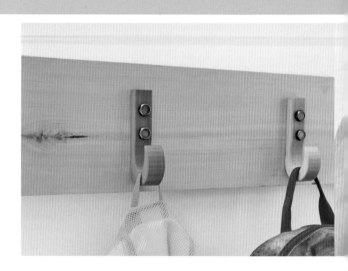

틴커캐드로
3D 프로젝트 만들기

틴커캐드 시작하기 12

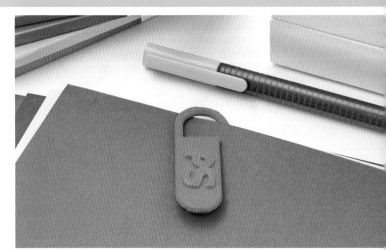

스케치업으로
3D 프로젝트 만들기

스케치업 시작하기 120

CAD 디자인과 3D 프린팅의 세계에 오신 것을 환영합니다!

《아이와 함께 하는 3D 프린팅 실험실》에서는 재료를 다루는 기술과 실제 물건의 디자인 과정을 살펴볼 것입니다.

많은 물건들은 금속 롤, 종이, 철 덩어리와 같이 일반적으로 모양과 크기를 고정할 수 있는 원재료로 만듭니다. 다른 모양과 섞고, 크기를 바꾸고, 조각을 내고, 각각의 부품을 합치고, 아니면 여러 가지 다른 재질을 붙이는 등 원재료를 변형해서 우리가 원하는 물건을 만들 수 있습니다. 일반적으로 이런 활동은 접착제로 붙이기, 톱질해서 자르기, 경첩으로 연결하기와 같은 중간 과정이 필요합니다. 이것과 대조적으로 CAD의 세계에서는 이런 과정을 생략할 수 있습니다. 이 책에서는 각각의 과정을 살펴보고 CAD에서는 어떻게 작업하는지 알 수 있는 다양한 물건을 만들어 보겠습니다.

《아이와 함께 하는 3D 프린팅 실험실》에서는 틴커캐드와 스케치업이라는 두 개의 CAD 프로그램을 다루어 보겠습니다. 이 프로그램들은 제품 홈페이지에 접속하면 무료로 이용할 수 있습니다. 모두 초보자가 배우기 쉽지만, 여기서는 배우는 시간이 좀 더 짧은 틴커캐드를 주로 사용하겠습니다. 단, 2D 객체를 3D로 바꿔야 하는 경우에는 스케치업으로 작업했습니다.

이 책은 CAD로 디자인을 시각화하는 방법뿐만 아니라, 그것을 3D로 프린트하는 법도 알려 줄 것입니다. 3D 프린팅의 좋

은 점은 여러분이 디자인해서 만들어 낸 물건을 수정하고 다시 프린트하기가 쉽다는 것입니다. 물건을 디자인하는 방법은 여러 가지가 있습니다. 어떤 방법이 가장 효율적이고, 어떤 방법이 만들고 작동하는 데 까다로운지 알아보세요.

여러분은 우리의 물리적 세상을 보는 시선이 바뀌게 될 여행을 이제 막 시작했습니다. 꿈꾸고, 디자인하고, 만들어 보세요!

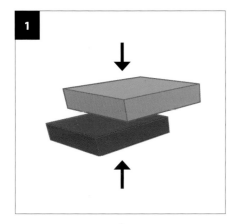

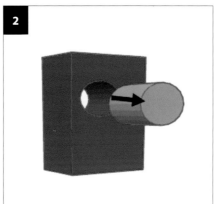

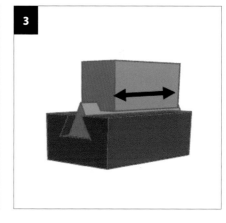

이 책에서는 재료와 구성 요소를 결합하고 변형하는 다양한 방법을 CAD와 3D 프린팅으로 배울 것입니다.

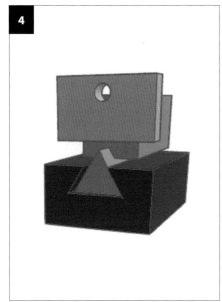

1. 영구 결합과 재료 합치기

2. 재료 덜어 내기
   (구멍 만들기 또는 잘라 내기)

3. 임시 결합/재료 합치기/
   제한된 결합 만들기

4. 복잡한 구조의 구성품 만들기

5. 다른 소재를 같이 사용하기
   (금속, 천, 자연 소재 등)

3D 프린팅의 기본

3D 프린팅의 과정은 기본적으로 열을 가하면 모양이 바뀌는 다양한 재료를 사용해서 3차원(종이에 문서를 프린트하는 2D의 반대 개념) 객체를 만드는 제조 기술입니다. 지난 20년 동안 합리적인 가격의 3D 프린터가 많이 나왔고, 지역 도서관에서도 쉽게 접할 수 있게 되었습니다. 3D 프린터로 시제품이나 맞춤형 제품을 쉽게 만들 수 있고, 집에서 쓰는 물건의 부속품을 만들 수도 있습니다(이 책에도 몇 개가 실려 있습니다).

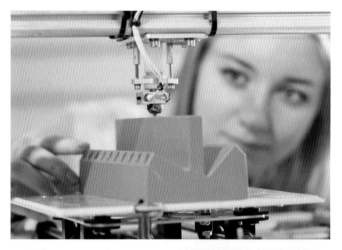

3D 프린팅은 다양한 형태가 있습니다. 하지만 이 책에서 다루는 것은 적층 제조 방식입니다. 3D 프린팅은 기본적으로 재료를 2차원으로 깔고 그 위에 계속 층을 더해 가면서 3차원 물체를 만듭니다. 재료가 약 215°로 예열된 압출 성형기로 들어가면 녹기 시작하는데, 압출기는 치약을 짜는 것처럼 필라멘트를 노즐 밖으로 밀어 냅니다. 압출 성형기는 디자인에서 만들어진 명령의 순서에 따라 세 방향(왼쪽-오른쪽, 앞-뒤, 위-아래)으로 움직입니다. 디자인은 일반적으로 프린터와 별도로 틴커캐드나 스케치업과 같은 소프트웨어로 만듭니다. 완성된 소프트웨어 파일은 3D 프린터가 이해할 수 있는 형식으로 변환되어 3D 프린터로 보내집니다. 프린터는 그 파일을 압출 성형기에 맞는 동작 명령어로 바꿉니다. 대부분의 3D 프린터에는 중간에 프린팅을 멈추는 기능이 있는데, 이때 만드는 물체의 내부 모양을 볼 수 있습니다. 프린터에는 객체를 인쇄할 시간과 재료를 최소화하는 다양한 기본 세팅이 탑재되어 있습니다. 하지만 대부분의 프린터는 사용자가 기본 세팅을 바꿀 수 있어서 원한다면 필라멘트를 데우는 온도, 바깥벽의 두께, 내부를 채우는 양과 패턴, 그 외 세부사항을 설정할 수 있습니다.

3D 프린팅 과정

일반적으로 프린팅에는 폴리유산(PLA) 필라멘트를 사용하지만, 여러분이 가지고 있는 프린터에 따라 다를 수 있습니다. 3D 프린터의 모델은 아주 다양하지만, 프린팅 전에 필수적으로 다음과 같은 CAD 작업을 거칩니다.

- 바닥 표면이 프린팅 베드에 닿아 있는지 확인한다. 만약 그렇지 않다면 검은색 화살표를 클릭해서 0mm가 될 때까지 아래로 당긴다(그림 1).

- 디자인을 3D 프린터로 보낸다.

- 프린터 소프트웨어*가 여러분의 디자인을 슬라이스한 후에, 결과물의 첫 번째 층이 베드에 제대로 닿아 있는지 확인한다 (그림 2).

- 객체의 튀어나온 부분의 각도가 되도록 30° 이하를 유지하도록 한다.**

- 남아 있는 재료를 제거할 때는 줄***을 사용한다.

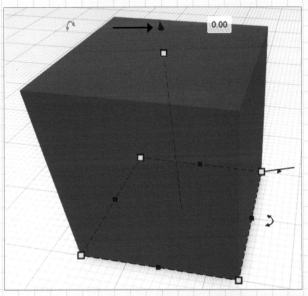

그림 1 프린트 대상의 바닥이 프린팅 베드에 닿아 있는지 확인하기 위해, 화살표가 가리키는 핸들을 클릭하고 끌어내려 0으로 만든다.

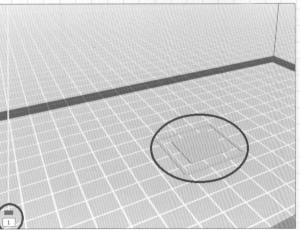

그림 2 프린팅 베드 위의 슬라이스 1

---

* 보급형 3D 프린터는 별도의 슬라이스 프로그램(Cura가 대표적)에서 G-Code로 변환하여 프린팅한다.

** cookpq.blogspot.com/2020/11/3d-print.html 참고.

*** 거친 면을 갈아 낼 때 사용하는 도구.

틴커캐드로
3D 프로젝트 만들기

이 장에서는 3D 프린팅할 객체를 디자인하는 데 사용하는 틴커캐드의 기본을 배워
보겠습니다. 틴커캐드는 배우기 쉬운 온라인 컴퓨터 이용 설계(CAD) 프로그램이며 무
료입니다. 이 프로그램을 통해 3D 기본 도형을 변형해서 디자인하고 만드는 기술을
발전시킬 수 있습니다. 각 실험에서 배운 것을 기반으로 20개 이상의 프로젝트를 만들
텐데, 과정은 점점 복잡해집니다. 자, 이제 시작해 봅시다!

틴커캐드 시작하기

틴커캐드는 기본으로 제공되는 3D 도형으로 3D 디지털 모델을 만드는 컴퓨터 이용 설계(CAD) 소프트웨어입니다. 틴커캐드의 계정은 Thinkercad. com에서 무료로 만들 수 있습니다. 일단 계정을 만들고 로그인하면 몇 가지 학습을 할 수 있는 화면이 나옵니다.

틴커캐드에 익숙해지려면 학습을 모두 마치는 것을 권장합니다.

학습이 끝나면 **새 디자인 작성**(그림 1)이 뜹니다. 이 버튼을 클릭하세요.

그러면 여러분이 디자인할 수 있는 화면이 뜹니다.

- 왼쪽 윗부분에 파일 이름을 넣습니다. 틴커캐드에서 자동으로 이름을 생성해 주는데, 클릭해서 원하는 이름으로 바꿉니다.

- 파일 이름 아래 있는 메뉴 표시줄에는 작업 평면에서 사용하는 **복사, 붙여 넣기, 사본 만들기**(Duplicate and repeat), **삭제, 명령 취소, 명령 복구** 같은 도구가 있습니다. 그림 2의 화살표는 메뉴 표시줄을 가리킵니다. 도구 위에 화살표를 갖다 대면 도구 이름이 보입니다.

- 메뉴 오른쪽 상단에 **그룹화, 그룹 해제, 가져오기, 내보내기** 등과 같은 다른 도구들이 있습니다(그림 2의 오른쪽 참조).

그림 1 **새 디자인 작성** 버튼을 눌러 틴커캐드를 시작한다.

그림 2 파일 이름 아래에 복사, 붙여 넣기, 사본 만들기(Duplicate and repeat), 삭제, 명령 취소, 명령 복구 버튼이 있다.

■ 화면의 왼쪽에 **줌, 평면도, 정면도, 홈 뷰** 등 작업 평면의 뷰 도구가 있습니다(그림 3 참조). 여러 방향 뷰를 클릭해서 체험해 봅시다.

■ 화면 가운데 부분이 작업 평면입니다. 화면 곳곳에 있는 다양한 도구로 조정하고 만든 디자인이 보이는 주요 영역입니다. 작업 평면은 디자인이나 도형을 정확하게 놓는 데 도움이 되도록 격자로 되어 있습니다. 작업 평면의 크기는 작업 평면 오른쪽 하단에 있는 **그리드 편집** 버튼을 눌러 조정할 수 있습니다. 그림 4에서 화살표는 객체의 크기를 조정하는 단위인 스냅을 선택할 수 있는 **그리드 스냅**을 가리킵니다.

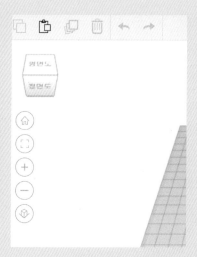

그림 3 왼쪽에는 뷰 크기와 각도를 조정하는 **줌, 평면도, 정면도, 홈 뷰** 등의 도구가 있다.

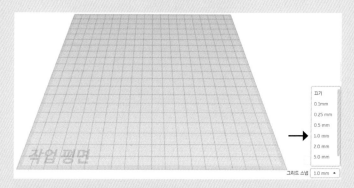

그림 4 그리드 버튼으로 작업 평면의 비율과 크기를 조정할 수 있다.

■ 작업 평면의 오른쪽에는 여러 가지 모양을 만드는 데 쓰는 기본 제공 도구들이 있습니다. 드롭다운 메뉴는 **기본 도형(기본 쉐이프)** 외에 좀 더 다양한 모양을 제공합니다. 그 외에 오른쪽에는 **눈금자** 도구도 있습니다.

■ 도형의 크기와 특성을 조정하는 다양한 핸들이 있습니다. 기본적인 핸들이 그림 6에 표시되어 있습니다. 화살표 1은 모서리의 중간을 표시하는 검은 정사각형을 가리킵니다. 이 점을 클릭해서 드래그하거나 원하는 값을 써 넣어서 모서리의 길이를 늘였다 줄였다 할 수 있습니다. 화살표 2는 도형의 꼭짓점에 있는 흰색 정사각형을 가리킵니다. 이것을 움직이면 도형의 크기를 수평 방향으로 조정할 수 있습니다. 화살표 3은 도형의 높이를 조정할 수 있는 핸들입니다. 화살표 7이 작업 평면에서 도형을 수직으로만 밀었다 당겼다 할 수 있는 것에 반해, 화살표 4, 5, 6은 도형을 각 축을 중심으로 회전시킬 수 있습니다.

틴커캐드에는 컴퓨터 이용 설계를 하는 데 여러분의 활용 능력을 키워줄 다양한 도구와 팁이 있습니다. 이 책을 공부하면서 차차 배우게 될 것입니다. 틴커캐드를 배울 수 있는 좀 더 쉬우면서 색다른 방법도 찾아보길 바랍니다.*

* cookpq.blogspot.com/2020/11/3d-print.html 참고.

그림 5 기본으로 제공되는 도형과 도구. 눈금자도 오른쪽에 있다.

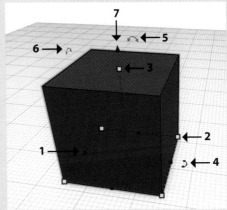

그림 6 핸들은 작업 평면 위에 있는 도형의 크기, 방향, 위치를 바꾸는 데 도움을 준다.

직선 모서리가 있는 기본 도형:
정사각기둥

첫 번째 실험에서는 틴커캐드로 2차원(2D)과 3차원(3D) 도형 만드는 방법을 배우고, 이 디자인을 3D 프린터를 이용해 만지고 잡을 수 있는 실제 객체를 만들어 보겠습니다.

직선 모서리를 가진 3D 기본 도형(예를 들어, 정육면체)은 길이, 너비, 높이를 잴 수 있습니다. 곡선 가장자리가 있는 도형(예를 들어 원기둥)의 곡선 부분 길이는 반지름으로 구할 수 있습니다. 이 용어는 여러분이 만드는 물건과 디자인을 다룰 때 사용하기 때문에 반드시 기억하도록 합니다. 그림 1은 세 모서리의 용어를 나타냅니다.

디자인 노트

여기서는 두 개의 도형을 만든다. 정사각기둥 하나와 원하는 크기로 만든 정사각형 하나.

정사각기둥-정육면체가 한 방향으로 늘어난 것
정사각형-납작한 정육면체

디자인 과정

1. 정사각기둥을 그리는 것으로 시작한다(그림 1 참조).

2. CAD 소프트웨어인 틴커캐드에서 제공하는 **기본 도형(기본 쉐이프)** 메뉴에서 작업 평면으로 빨간 상자를 끌어와 20mm 크기의 정육면체를 만든다.

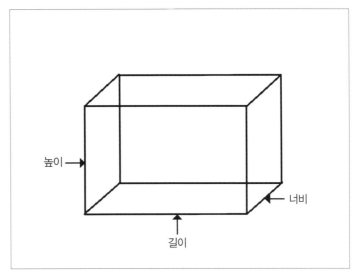

그림 1 사각기둥의 크기는 길이, 너비, 높이로 잰다.

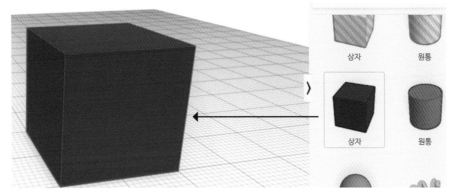

그림 2 메뉴에서 빨간 상자를 선택한다.

3. 위로 늘린 정사각기둥을 만들기 위해 높이를 50mm로 변경한다. 정육면체 윗면에 있는 흰색 핸들을 클릭해서 끌어올리면 높이가 조절된다. 흰색 핸들이 선택되면 빨간색으로 바뀐다(그림 3).

4. 밑면 구석의 흰색 핸들을 아무거나 클릭해서 모서리 크기가 여전히 20mm인지 확인한다(그림 4).

5. 위에서 정사각기둥을 복사하거나 **기본 도형** 메뉴에서 상자를 사용한다.

6. 상자의 높이/두께를 2mm로 만든다(납작한 정사각기둥). 흰색 핸들을 클릭한 다음 끌어내려서 높이를 조절하면 된다(그림 5).

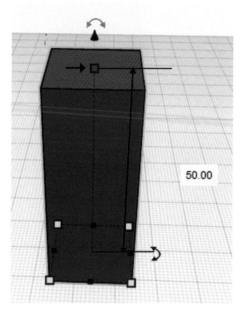

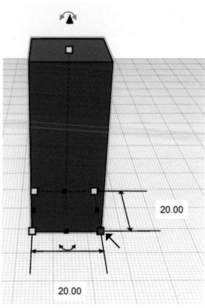

그림 3 높이 핸들을 클릭한 후 위로 끌어올려 높이를 늘린다.

그림 4 크기를 조정하는 구석의 흰색 핸들을 클릭하면 모서리의 치수가 보인다.

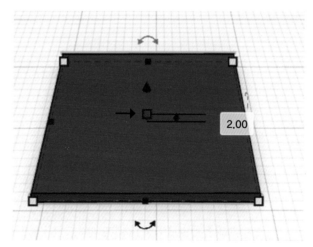

그림 5 흰색 핸들을 아래로 끌어내려 두께를 2mm로 만든다.

3D 프린팅 체크리스트

디자인을 프린트하기 전

- 9페이지의 3D 프린트 기본 요령을 숙지한다.

- 정사각기둥을 프린트한다.

- 프린트한 다음, 줄로 거친 부분을 정리한다.

품질 관리와 테스트

- 플라스틱 필라멘트가 층별로 잘 쌓였는지 프린트된 결과물을 점검한다.

생각해 보기

다음 질문에 대한 답을 생각해 봅시다. 여러분이 생각한 대로 수정하고 프린트하여 답이 맞는지 확인해 보세요.

결과물이 예상보다 가벼운가요, 아니면 무거운가요? 왜 그렇다고 생각하나요?

프린트하고 있을 때 객체의 안을 본 적이 있나요? 있었다면 어떻게 생겼나요?

도전! 디자인 바꾸기

CAD 소프트웨어에서 객체를 좌우로 기울여 봅시다. 둥근 화살표를 클릭해서 원하는 방향으로 돌리면 됩니다(그림 6: 둥근 화살표를 클릭해서 객체를 옆으로 기울입니다). 너무 많이 돌리거나 잘못된 방향으로 돌렸다고 걱정할 필요는 없습니다. 시작한 곳으로 돌아갈 때까지 **명령 취소** 버튼을 누르면 됩니다. 이 객체도 프린트할 수 있지만, 프린트 전에 객체가 작업 평면 위에 있는지 확인하도록 합니다.

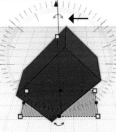

그림 6

숨어 있는 과학 이야기

직접 만질 수 있는 물건을 만드는 데는 여러 가지 방법이 있습니다. 실제 생활에서 철광석 같은 원자재를 예로 들어 보겠습니다. 철광석은 반제품인 철근이나 철판으로 만들 수 있습니다. 이것을 자르고 두드리고 용접해서 우리가 원하는 물건을 만듭니다. 반제품은 주로 얇은 판, 직육면체, 원기둥 같은 기본적인 형태로 제작합니다. 이 책 뒤에서도 CAD 소프트웨어(틴커캐드)로 더 복잡한 객체를 디자인하고 프린트할 때 기본 도형을 사용합니다. 하지만 여기서는 기본 도형만 가지고 변형해 볼 것입니다. 기본 도형을 변형할 때 찰흙을 주무르고, 늘리고, 납작하게 눌러서 모양을 만드는 것을 연상하면 도움이 될 것입니다.

가장자리가 곡선인 기본 도형:
원기둥

여기서는 가장자리가 곡선인 도형을 만들어 보겠습니다.

정육면체처럼 직선 모서리가 있는 3D 기본 도형은 길이, 너비, 높이를 잴 수 있습니다. 하지만 가장자리가 곡선인 원기둥 같은 도형은 반지름이나 지름의 길이로 곡선의 길이를 잴 수 있습니다. 반지름은 곡선 가장자리에서 원의 중심까지의 거리를 말하고, 지름은 반지름의 두 배 또는 중심을 가로질러 가장자리와 만나는 선의 길이를 말합니다. 이 용어를 익혀 두면 곡선이 있는 객체를 디자인할 때 도움이 됩니다. 그림 1은 곡선이 있는 도형을 재는 용어를 나타냅니다.

디자인 노트

여기서는 두 개의 도형을 만든다. 원기둥 하나와 원하는 크기로 만든 원 하나.

원기둥 – 원이 늘어나서 두께가 생긴 것
원 – 납작한 원기둥

디자인 과정

1. 원기둥을 그리는 것부터 시작한다(그림 1 참조).

2. 틴커캐드에서 제공하는 **기본 도형** 메뉴에서 작업 평면으로 원기둥을 끌어온다(그림 2).

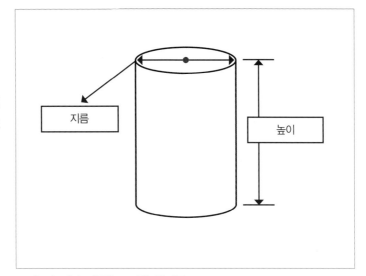

그림 1 높이와 지름을 표시한 원기둥

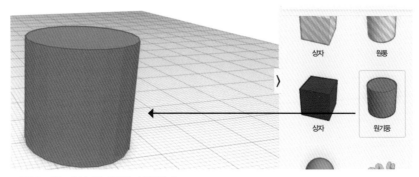

그림 2 메뉴에서 원기둥을 선택한다.

3. 원기둥의 높이를 50mm로 변경한다(늘린 원기둥). 원기둥 윗면에 있는 흰색 핸들을 클릭해서 끌어올리면 높이가 조절된다. 흰색 핸들이 선택되면 빨간색으로 바뀐다(그림 3).

4. 바닥의 흰색 핸들을 눌러 원기둥의 반지름이 10mm(또는 지름 20mm)인지 다시 확인한다(그림 4).

5. 만든 원기둥을 복사해서 사용하거나 **기본 도형** 메뉴에서 원기둥을 가져온다.

6. 원기둥의 높이/두께를 1mm로 만든다(납작한 원기둥). 중심의 흰색 핸들을 클릭한 후 끌어내려 높이를 조절한다(그림 5).

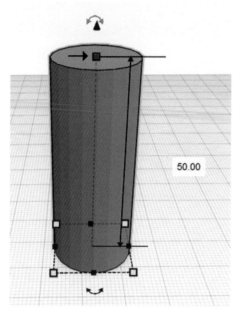

그림 3 높이 핸들을 클릭 후 끌어올려 높이를 변경한다.

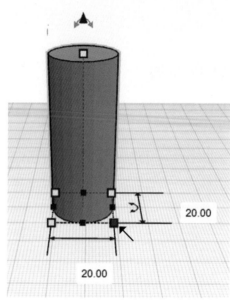

그림 4 바닥의 구석에 있는 크기 조정 핸들을 클릭해서 원기둥의 지름을 확인한다.

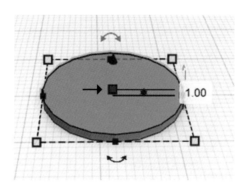

그림 5 높이 조절 핸들을 사용해 납작한 원기둥을 만든다.

3D 프린팅 체크리스트

디자인을 프린트하기 전

■ 9페이지의 3D 프린트 기본 요령을 숙지한다.

■ 원기둥을 프린트한다.

■ 프린트한 다음, 줄로 거친 부분을 정리한다.

품질 관리와 테스트

■ 플라스틱 필라멘트가 층별로 잘 쌓였는지 프린트된 결과물을 점검한다.

생각해 보기

다음 질문에 대한 답을 생각해 봅시다. 여러분이 생각한 대로 수정하고 프린트하여 답이 맞는지 확인해 보세요.

원기둥 둥근 면의 상태는(옆면의 질감, 옆면의 '둥글기') 어떤가요?

프린트하고 있을 때 객체의 안을 본 적이 있나요? 있었다면 어떻게 생겼나요?

도전! 디자인 바꾸기

CAD 소프트웨어에서 객체를 좌우로 기울여 봅시다. 둥근 화살표를 클릭해서 원하는 방향으로 돌리면 됩니다(실험 1의 그림 6 참조: 둥근 화살표를 클릭해서 객체를 옆으로 기울입니다). 너무 많이 돌리거나 잘못된 방향으로 돌렸다고 걱정할 필요가 없습니다. 시작한 곳으로 돌아갈 때까지 명령 취소 버튼을 누르면 됩니다. 이 객체도 프린트할 수 있지만, 프린트 전에 객체가 작업 평면 위에 있는지 확인하도록 합니다.

숨어 있는 과학 이야기

원은 수많은 점들로 이루어져 있습니다. 둥근 모양을 프린트하기 위해, 프린터 소프트웨어는 원 위에 일정한 수의 점들을 정하고, 플라스틱 필라멘트로 그 점들을 연결합니다. 소프트웨어가 원 위에 점을 많이 배치할수록 완벽에 가까운 원이 됩니다. 하지만 실제로 프린트되는 원은 다각형입니다.

칠교놀이 퍼즐

여기서는 실험 1과 2에서 배운 기본 도형 만들기를 활용해서 좀 더 복잡한 모양의 칠교놀이 퍼즐을 완성해 보겠습니다.

틴커캐드에서는 단순히 기본 도형 몇 개를 끌어와 서로 붙이거나 합쳐서 복잡한 모양을 만들 수 있습니다. 이 과정의 이해를 돕기 위해 2D 칠교놀이 퍼즐을 만들어 보겠습니다.

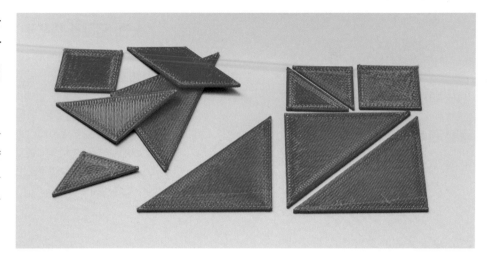

디자인 노트

칠교놀이는 서로 특정한 비율로 이루어진 7개의 조각으로 구성된다. 작은 삼각형을 먼저 디자인해서 다른 모양의 기준으로 사용한다(그림 1).

작은 이등변 삼각형 2개
중간 이등변 삼각형 1개
큰 이등변 삼각형 2개
정사각형 1개
평행 사변형 1개

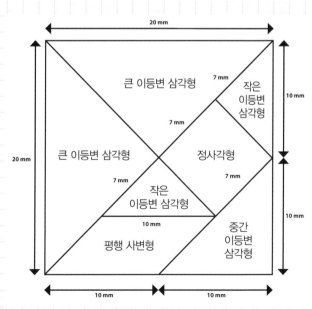

그림 1 칠교놀이 퍼즐 치수

디자인 과정

1. 기본 도형 메뉴에서 지붕을 작업 평면으로 가져와 작은 삼각형을 만든다(그림 2). 지붕은 삼각기둥이다.

2. 삼각기둥을 옆으로 돌려서 밑면이 작업 평면에 닿도록 그림 3처럼 세운다. 그리고 삼각기둥의 높이를 3mm로 납작하게 만든다.

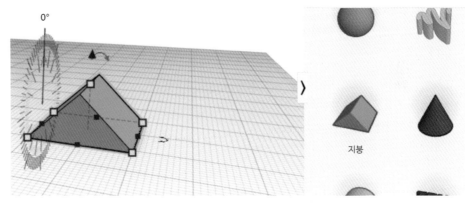

그림 2 기본 도형 메뉴에서 **지붕**을 작업 평면으로 가져온다.

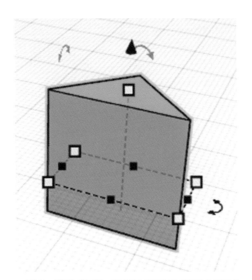

그림 3 삼각기둥을 돌려서 밑면이 작업 평면에 닿게 세운다.

3. 삼각기둥 밑면의 직각을 이루는 모서리를 작업 평면의 격자선에 맞춘다(그림 4).

4. 삼각기둥의 직각을 이루는 두 모서리를 7mm로 늘린다(그림 5). 이 작은 삼각형을 2개 복사해서 작업 평면 한쪽에 옮겨 둔다.

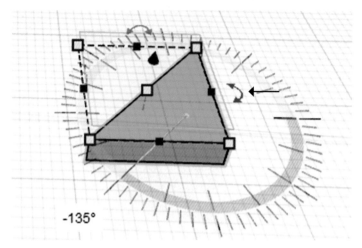

그림 4 직각 삼각형의 두 모서리를 격자선에 맞춘다.

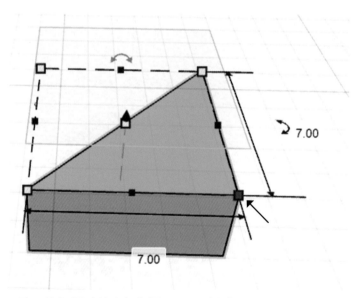

그림 5 삼각기둥의 옆면의 길이를 7mm로 만든다.

5. 처음 만든 작은 삼각형을 사용해서 중간 크기의 삼각형을 만든다.

6. 삼각기둥의 직각을 이루는 두 모서리를 10mm가 되도록 확대한다(그림 6). 이것을 복사해서 작업 평면 한쪽에 치워 둔다.

7. 이제 중간 삼각기둥의 직각을 이루는 두 모서리를 14mm가 되도록 확대한다. 이 커다란 삼각형을 하나 더 복사해서 둘 다 작업 평면 한쪽에 치워둔다.

8. 기본 도형 메뉴에서 **상자**를 작업 평면으로 끌어온다. 상자를 높이 3mm로 납작하게 만든다.

9. 그림 4에서 했듯이 정육면체의 직각을 이루는 모서리가 작업 평면의 격자선과 맞는지 확인한다.

10. 상자의 각 옆면의 길이가 7mm가 되도록 확대한다(그림 6). 작업 평면 한쪽으로 옮겨 놓는다.

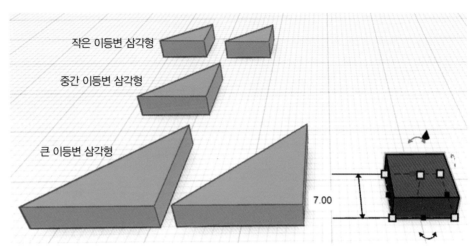

작은 이등변 삼각형

중간 이등변 삼각형

큰 이등변 삼각형

7.00

그림 6 다양한 크기의 삼각형과 기본 도형에서 가져온 **상자**로 만든 정사각형

11. 위에서 만들어 놓은 작은 삼각형 2개를 복사해서 평행 사변형을 만든다. 삼각형을 돌리고 합쳐서 그림 7처럼 만든다.

12. 모든 삼각형, 정사각형, 평행 사변형의 높이를 3mm로 맞춘다.

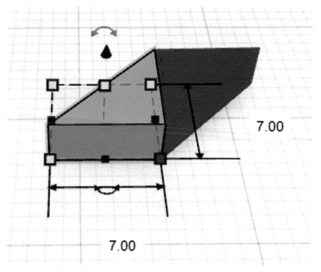

그림 7 복사한 작은 삼각형 2개를 돌리고 합쳐서 평행 사변형을 만든다.

3D 프린팅 체크리스트

디자인을 프린트하기 전

- 9페이지의 3D 프린트 기본 요령을 숙지한다.

- 칠교놀이 퍼즐을 프린트한다.

- 프린트한 다음, 줄로 거친 부분을 정리한다.

품질 관리와 테스트

- 플라스틱 필라멘트가 층별로 잘 쌓았는지 프린트된 결과물을 점검한다.

생각해 보기

다음 질문에 대한 답을 생각해 봅시다. 여러분이 생각한 대로 수정하고 프린트하여 답이 맞는지 확인해 보세요.

퍼즐을 맞추는 전략은 무엇이었나요?

퍼즐 조각들 사이에 연관성이 있나요? 있다면 설명해 봅시다.

도전! 디자인 바꾸기

퍼즐 조각을 모두 사용해서 정사각형을 만들어 봅시다. 정사각형을 만드는 방법은 하나뿐인가요?

숨어 있는 과학 이야기

이등변 삼각형은 두 변의 길이가 같은 삼각형을 말합니다. 길이가 같은 두 변은 직각을 이룹니다. 칠교놀이는 고대 중국에서 시작된 퍼즐로, 각 퍼즐을 탠스(tans)라고 부릅니다.

액세서리 디자인

여기서는 기본 도형에 구멍을 내서 재료를 덜어 내는 방법을 배워 보겠습니다. 틴커캐드에서는 원하는 기본 도형에 구멍 도구를 써서 **구멍**을 만들면 됩니다. CAD로 귀걸이를 만들면서 실력을 쌓아 보세요.

 디자인 노트

여기서 만드는 두 개의 디자인을 연습해서 실용적인 물건을 만들 때 활용해 보자.

기본 구멍 만들기
귀걸이 만들기

디자인 과정

1. **상자**를 작업 평면으로 끌어온다. 크기는 중요하지 않지만, 작업 평면에서 쉽게 다룰 수 있도록 작은 크기로 만든다.

2. **원기둥 구멍**을 앞에서 만든 상자와 거리를 두고 작업 평면으로 가져온다(그림 1). 원기둥의 높이를 정육면체보다 높게 만든다. 높이 외에 치수는 상자의 반 정도로 한다.

3. 원기둥을 90°로 돌려 작업 평면과 수평으로 만든다. 회전 도구인 곡선 화살표를 사용하면 된다(그림 2).

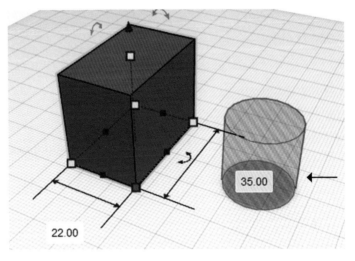

그림 1 작업 평면 위에 있는 정육면체와 원기둥 구멍

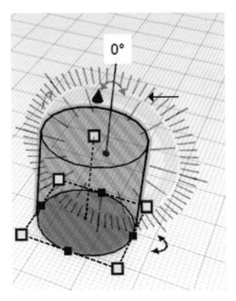

그림 2 원기둥 구멍의 곡선 화살표를 클릭해서 원기둥을 돌린다.

4. 상자의 가운데를 관통하도록 원기둥 구멍을 밀어 넣는다(그림 3).

5. 객체 두 개를 모두 선택한 다음 **그룹화** 버튼을 누른다(그림 4). 이렇게 하면 솔리드* 객체와 구멍이 합쳐지면서 객체에 구멍이 생긴다(그림 5).

6. 그룹화한 뒤에 구멍의 크기를 바꾸고 싶으면 먼저 객체를 선택한 후 **그룹 해제**를 한다. 그리고 원기둥 구멍을 선택해서 지름을 변경하면 된다.

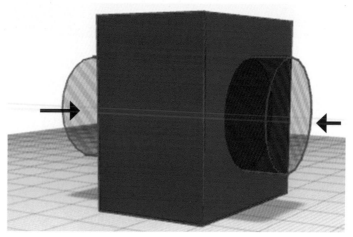

그림 3 상자 중앙을 통과하도록 원기둥 구멍을 밀어 넣는다.

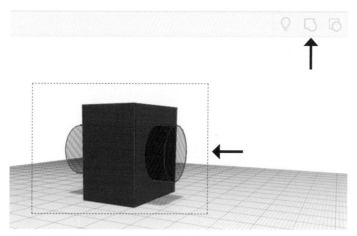

그림 4 원기둥 구멍과 상자를 그룹화한다.

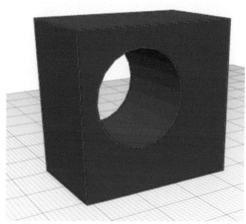

그림 5 이제 상자 안에 구멍이 생긴다.

---

* 속이 채워진 도형을 의미한다.

귀걸이 만들기

1. 여기서 만들 귀걸이의 기본 디자인은 그
   림 6과 같다.
   기본 요소 정리: 하트 모양 귀걸이, 큰 구
   멍, 귀걸이 후크를 거는 작은 구멍

2. **기본 도형** 메뉴에서 하트 모양을 작업 평
   면으로 끌어온다. 귀걸이의 크기는 여러
   분이 원하는 대로 한다(그림 7).

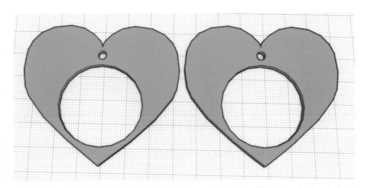

그림 6 귀걸이를 만드는 데는 하트, 커다란 구멍, 작은 구멍의 세 가지 모
양이 필요하다.

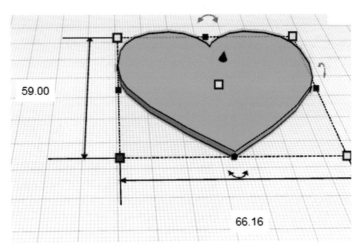

그림 7 작업 평면 위에 있는 하트 모양

3. 31~32페이지의 2에서 5단계를 따라 가능한 커다란 구멍을 만든다(그림 8).

4. 하트의 위쪽 중간에 지름 2~4mm의 작은 원을 만든다. 이 구멍에 귀걸이 후크를 건다(그림 9).

5. 모든 객체를 선택해서 그룹화한다. 귀걸이를 복사해서 하나 더 만든다.

그림 8 하트에 커다란 구멍을 만든다.

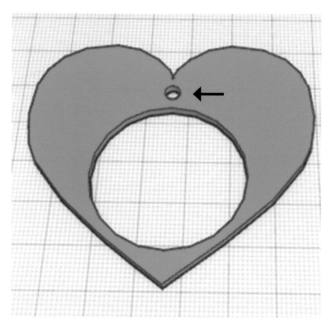

그림 9 귀걸이의 후크를 거는 작은 구멍을 만든다.

3D 프린팅 체크리스트

디자인을 프린트하기 전

■ 9페이지의 3D 프린트 기본 요령을 숙지
한다.

■ 귀걸이 한 쌍을 출력한다.

■ 프린트한 다음, 줄로 거친 부분을 정리한다.

품질 관리와 테스트

■ 플라스틱 필라멘트가 층별로 잘 쌓였는
지 프린트된 결과물을 점검한다.

생각해 보기

다음 질문에 대한 답을 생각해 봅시다. 여러
분이 생각한 대로 수정하고 프린트하여 답
이 맞는지 확인해 보세요.

**한 객체 안에 만들 수 있는 구멍의 크기에는
한계가 있나요?**

**후크를 거는 구멍이 한쪽으로 치우쳐 있어
도 되나요?**

도전! 디자인 바꾸기

여러분 손가락에 맞는 반지를 디자인해 봅시다. 틴커캐드로 실험
10에 나오는 글자 디자인을 활용해 반지에 글씨를 새겨 보세요.

문화 속 이야기

장신구는 수천 년 전부터 있었습니다. 초기의 반지는 금속을 손가
락 둘레에 꼭 맞게 둘러싸는 형태였습니다. 인류가 금속에 구멍을
뚫는 기술을 터득하는 데는 많은 시간이 걸렸습니다.

쾨트 걸이/커튼 걸이

지금까지의 작품은 실험 3에서처럼 기본 도형 2개만 사용해서 만들었습니다. 실험 4에서는 구멍을 만들어 재료를 덜어 내는 방법도 배웠습니다. 여기서는 같은 디자인에서 재료를 더하거나 빼면서 좀 더 복잡한 디자인을 만들어 보겠습니다. 코트 걸이를 만드는데, 이것은 커튼 걸이로도 사용할 수 있습니다. 커튼 걸이는 수직으로 사용하는 대신 수평으로 고정하면 됩니다.

디자인 노트

후크의 내구성은 디자인, 재료, 프린터의 세팅에 달려 있다. 후크는 일반적으로 튼튼하지만, 견딜 수 있는 무게를 정해 놓을 필요가 있다.

J 형태인 일반적인 코트 걸이에는 다음이 필요하다.

벽이나 어떤 표면에 기대는 기둥(직선 부분)
코트를 거는 곡선 부분
코트 걸이를 벽이나 어떤 표면에 고정하는 데 필요한 구멍

디자인 과정

1. 상자를 늘려서 길이는 70mm로, 너비와 높이는 10mm로 만든다(그림 1). 이것이 J 모양 코트 걸이의 기둥이 된다.

2. **도넛 슬라이스**를 작업 평면으로 가져온다(그림 2). 드롭다운 메뉴에서 **쉐이프 생성기(Shape Generators)**의 모두를 선택한 다음, 페이지를 넘겨 가며 도넛 슬라이스를 찾는다. 도넛의 두께의 반지름(R1)이 5mm에 가깝도록 조정한다. 호를 0.5보다 약간 크게 조정한다. 이렇게 해야 코트가 걸이에서 떨어지지 않는다. 도넛 자체의 반지름(R2)은 20mm에 가깝게 설정한다. 이 도넛이 J 모양에서 곡선 부분이다.

3. 그림 2처럼 J 모양이 되도록 도넛 슬라이스를 기둥과 합친다.

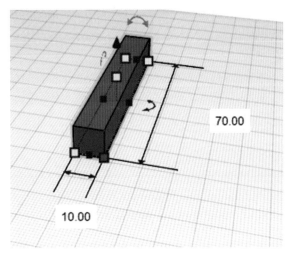

그림 1 상자의 크기를 조정해서 코트 걸이의 기둥을 만든다.

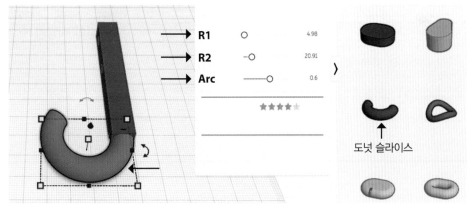

그림 2 도넛 슬라이스는 코트 걸이의 곡선 부분이 된다.

4. J 모양의 기둥에 실험 4(31~32페이지)와 같은 방법으로 구멍 두 개를 만든다. 각각의 구멍은 가장자리와 적어도 2mm 간격을 두고, 지름은 5mm로 한다. 구멍끼리는 적어도 5mm 이상 떨어지게 한다(그림 3). 이 구멍에 나사못을 넣어서 벽에 고정한다.

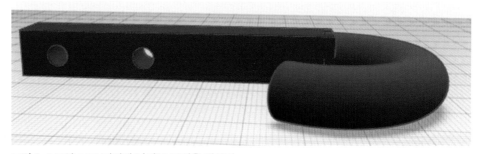

그림 3 J 모양 코트 걸이에 나사못 구멍을 만든다.

3D 프린팅 체크리스트

디자인을 프린트하기 전

- 9페이지의 3D 프린트 기본 요령을 숙지한다.
- 그림 3처럼 평평하게 누워 있도록 J모양을 돌린다.
- 코트 걸이를 출력한다.
- 프린트한 다음, 줄로 거친 부분을 정리한다.

품질 관리와 테스트

- 코트 걸이를 가지고 철물점에 가서 구멍 크기에 맞는 나사못을 찾는다.
- 제품 점검하기: 구매한 나사못이 들어갈 구멍, 코트 걸이를 고정할 적당한 표면 찾기
- 코트 걸이에 코트가 잘 걸리나 걸어 보기

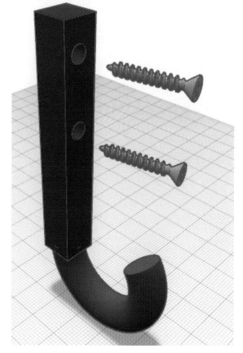

그림 4 나사못으로 벽에 고정한다.

생각해 보기

다음 질문에 대한 답을 생각해 봅시다. 여러분이 생각한 대로 수정하고 프린트하여 답이 맞는지 확인해 보세요.

도넛 슬라이스의 호가 0.6이 아니고 0.4이면 어떻게 될까요?

왜 나사못 구멍이 가장자리에서 적어도 2mm 정도 떨어져야 할까요?

도전 ! 디자인 바꾸기

가끔씩 도넛 슬라이스의 날카로운 가장자리에 코트가 찢어지는 경우가 있습니다. 디자인의 한 부분만 바꿔서 코트 걸이에 옷이 찢어지지 않게 할 수 있나요?

숨어 있는 과학 이야기

나사못을 하나 말고 두 개 사용하면 코트 걸이가 고정되어 돌지 않습니다. 이렇게 하면 코트 걸이의 내력 성능도 올라갑니다. 두 개의 나사못이 서로 무게를 나눠 갖기 때문에, 견딜 수 있는 하중이 상당히 높아집니다.

우리 동네 건축 프로젝트:
우리 동네 랜드마크 모형 만들기

지금까지 재료를 더하고 빼는 복합 도형의 기본기를 배웠습니다. 이제는 여러분의 CAD 기술을 가지고 동네에 있는 멋진 건물을 만들어 봅시다.

앞에서 배운 지식으로 체계적인 접근을 해 봅시다. 건물을 디자인하면서 기본적인 건축에 대한 이해를 높이고, 우리 동네 역사도 배우고, CAD 기술도 발전시켜 봅시다.

이것은 뉴욕 맨해튼 어퍼웨스트사이드의 건물을 모형으로 제작한 것입니다.

디자인 노트

우리 동네 건축 프로젝트는 지도 위에 적어도 5개 이상의 건물을 배치하도록 한다. 디자인을 시작하기 전에 모형으로 만들려고 하는 건물을 정해 둔다. 그래야 모형을 얹어 둘 동네 지도의 크기를 정할 수 있기 때문이다.

지도의 크기와 건물 선정

1. 동네 주요 건물 중에 7~8개를 선정한다. 관공서 한두 곳, 학교/대학, 다리, 종교 시설, 유명 타워, 경기장 등이 해당한다. 처음엔 서로 가까운 곳에 위치한 건물로 시작했다가, 더 만들고 싶으면 지역을 확대한다.

2. 만들고자 하는 모든 건물을 온라인 지도에서 찾아 놓는다.

3. 지도의 크기를 적어도 60×90cm로 잡는다(일반 프린트 용지에 출력해서 이어 붙이면 된다). 단, 지도의 축척을 잘 조절해서 지도에 올라갈 건물의 크기가 적당해야 한다.

4. 일단 지도를 프린트한 다음에는, 만든 모형이 올라갈 거리의 길이를 파악해 두어야 한다. 그래야 만들 모형의 크기를 정할 수 있다. 거리의 길이를 적어 둔다.

거리 길이 = _____cm
(일반적으로 5cm를 넘지 않는다)

모든 건물은 토대/기초, 몸체, 옥상/지붕/타워, 외관, 세부 요소(창문, 문 등)로 이루어져 있다.

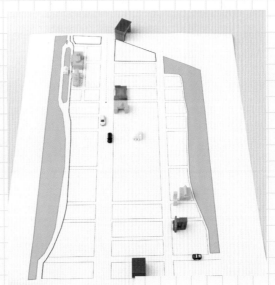

뉴욕 맨해튼 어퍼웨스트 사이드 지도와 완성된 3D 프린트 건물 모형

디자인 과정

1. 첫 번째 건축 모형을 만들기 전에 그림 1 과 그림 2에서 여러 가지 건축 요소[1: 기초/토대, 2: 몸체, 3: 지붕/타워, 4: 외관/세부 요소(창문, 기둥)]를 알아보자. 여기서는 그랜트 장군의 묘와 뉴욕 시내의 은행을 예로 들었다.

2. 토대/기초의 가장 긴 면의 길이를 정한다 (일반적으로 5cm를 넘기지 않는다). 여기서 만든 지도는 동네 크기를 127cm 정도로 잡고, 거리 길이를 5cm로 잡았기 때문에 묘지의 크기를 2.5cm로 한다.

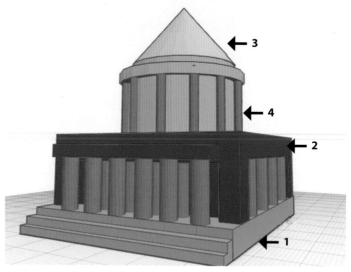

그림 1 건축 요소를 표시한 그랜트 장군 묘지의 CAD 모형

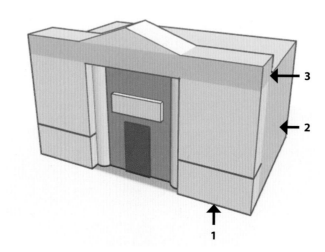

그림 2 건축 요소를 표시한 애플 저축 은행 CAD 모형

3. 토대 부분의 너비와 전체 건축물의 높이(반드시 실제 건축물의 비율을 반영한다)를 정한다. 묘지는 거의 정사각형으로 2.5cm보다 약간 작게 설정했다.

4. 틴커캐드에서 건축물의 각 요소를 만든다.

5. 나머지 건축물도 1~4단계를 따라 만든다.

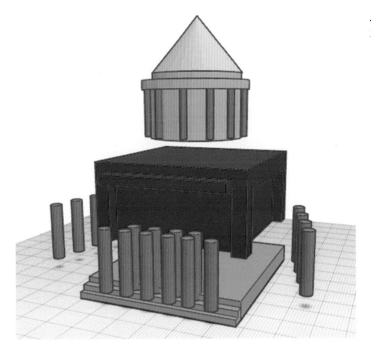

그림 3 그랜트 장군 묘지의 구성 요소

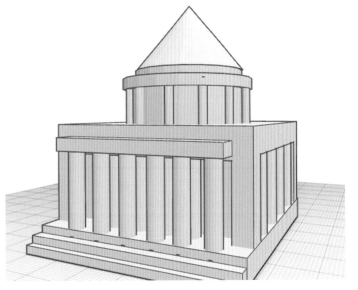

그림 4 그랜트 장군 묘지의 구성 요소를 합친 이미지

3D 프린팅 체크리스트

디자인을 프린트하기 전

■ 9페이지의 3D 프린트 기본 요령을 숙지한다.

■ 프린트한 다음 줄로 거친 부분을 정리한다. 완성되면 지도에서 위치를 찾아 건물을 올려 놓는다.

그림 5 완성된 뉴욕 어퍼웨스트사이드의 건축 모형

그림 6 뉴욕 어퍼웨스트사이드 지도에 배치된 3D 건축 모형

품질 관리와 테스트

제대로 출력되었는지 점검하기

- 모형과 실제 건물의 비율을 비교한다. 어 떤 부분에 비해 다른 부분이 너무 크거나 작지 않은가?

- 각 모형과 실제 건물 사이의 구조적 유사성

생각해 보기

다음 질문에 대한 답을 생각해 봅시다. 여러 분이 생각한 대로 수정하고 프린트하여 답 이 맞는지 확인해 보세요.

여러분이 만든 모형에 사용한 대조적인 건 축 스타일 두 개를 꼽아 봅시다.

건물마다 그 스타일을 사용한 이유는 무엇 일까요?

도전 ! 디자인 바꾸기

준비한 지도와 모형으로 가상 동네 탐방을 해 봅시다. 건물에 얽힌 이야기도 찾아봅시다. 여기에 친구와 가족을 초대해서 매일 보는 건물에 얽힌 특별한 이야기를 들려줘 보세요.

문화 속 이야기

건물은 지어질 당시의 문화, 유행, 지역사회, 종교, 환경, 기술 등 전반에 걸친 역사를 지니고 있습니다. 이런 것들을 알게 되면 우리 는 건물을 단순히 머무는 장소가 아닌 배움의 대상으로 보게 됩니 다. 더불어 현재 우리가 살아가는 방식에도 같은 교훈을 줄 수 있 습니다. 예를 들어, 중세 시대 성에 장식되어 있는 괴물 석상은 빗 물이 흐르는 배수관을 장식할 뿐 아니라, 악령을 물리치는 의미로 도 쓰였습니다. 이렇듯 우리는 건축에 쓰이는 요소를 실용적 그리 고 예술적인 두 가지 면으로 디자인할 수 있습니다.

앞에서는 역사, 건축물, CAD 기술을 융합해서 우리 주변을 탐험해 보았습니다. 여기서는 머리빗을 디자인하고 프린트하면서, 단단한 재료를 유연하게 만드는 법을 알아봅시다.

디자인 노트

빗은 인간의 오래된 발명품 중 하나다. B.C.1400년경 아프리카에서 발견된 초기 디자인은 오늘날의 빗과 매우 유사하다. 빗은 가지고 다니기 편하고 엉킨 머리를 빗거나 가르마 타는 데 효과적이다. 머리숱이 많고 머리카락이 두꺼울수록 빗살 사이가 넓어야 빗을 때 머리가 엉키지 않는다. 가르마를 타는 데 사용할 수 있는 손잡이가 뾰족한 빗이 있는데, 이것은 디자인에 기능성을 더한 것이다.

기본적인 빗은 다음의 세 가지 요소가 필요하다.

손잡이
머리
빗살

이 실험에서는 빗살 크기가 모두 같고 간격이 일정한 빗을 만들어 보겠다.

디자인 과정

1. **상자**와 **원기둥**으로 빗살 하나를 만든다. 상자를 늘려 길고 가늘게 만든다. 원기둥을 타원 모양으로 늘린다. 원기둥의 짧은 지름에 늘린 상자의 끝을 맞춘다. 두께는 약 2.5mm, 길이는 2.5cm 정도로 한다. 원기둥으로 만든 빗살의 둥근 끝부분 덕에, 머리를 빗어도 두피가 아프지 않다. 늘린 상자와 원기둥을 그룹화해서 하나의 빗살을 만든다.

2. 빗살을 8~12개 만들고 간격을 1.5mm 정도 떨어뜨린다. 빗살을 빗 머리에 붙인다. 빗 머리의 두께는 적어도 2.5mm, 길이는 빗살을 모두 붙일 정도로 늘린다.

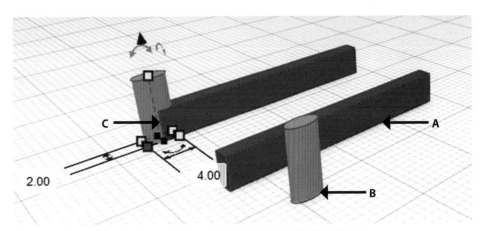

그림 1 늘린 상자(A), 늘린 원기둥(B), 원기둥의 짧은 지름과 맞춰 합친 빗살(C)

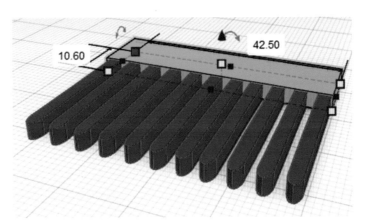

그림 2 빗 머리로 쓰이는 늘린 상자는 두께가 적어도 2.5mm, 길이는 빗살이 모두 붙은 만큼 길어야 한다.

3. 다른 상자를 가져와 빗과 같은 두께로 늘려서 손잡이를 만든 다음, 빗 머리에 붙인다. 손잡이의 길이는 사용하는 사람의 손바닥 너비에 맞춰 정하지만, 일반적으로 90mm 정도면 충분하다. 그림 3은 잡기 편하게 손잡이를 깎아 낸 모습이다.

4. 그림 4는 완성된 모습이다. 장식을 위해 또는 실용적인 목적으로, 손잡이를 원하는 모양대로 잘라 내도 된다.

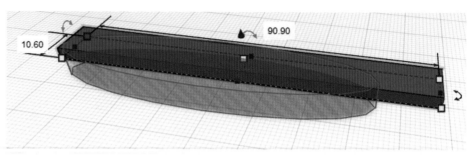

그림 3 잡기 편하게 손잡이를 깎아 낸 모습

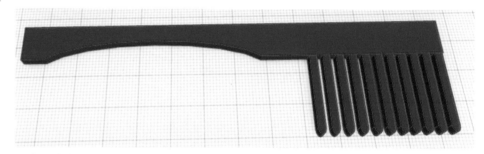

그림 4 완성된 디자인

도전! 디자인 바꾸기

엄지손가락이 없는 사람이 쓰기 편한 빗을 만들 수 있나요? 141페이지의 해결책을 참조해 보세요.

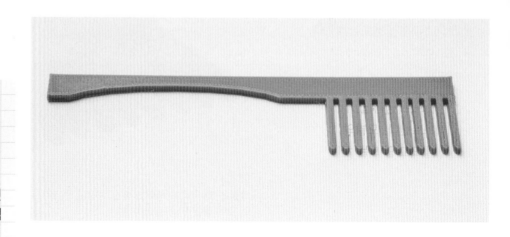

3D 프린팅 체크리스트

디자인을 프린트하기 전

- 9페이지의 3D 프린트 기본 요령을 숙지한다.

- 빗을 프린트한다.

- 프린트한 다음, 줄로 거친 부분을 정리한다.

품질 관리와 테스트

- 빗살이 평평한지 비틀렸는지(위쪽으로 들렸는지) 확인한다. 그림 5에서 두 개의 빗을 비교해 보자. 하나는 비틀린 빗살, 다른 하나는 평평한 빗살, 빗살이 비틀렸다면 빗살의 두께를 바꿔보거나, 다시 프린트하기 전에 빗살이 모두 프린팅 베드에 닿아 있는지 확인한다.

- 빗살이 모두 고르게 나왔다면, 줄로 거친 부분을 갈아 낸다.

- 완성된 빗으로 엉킴 없이 빗질이 잘 되는지 테스트한다. 모발의 특성에 따라 빗질이 잘 되고 안 되는 차이가 있는가?

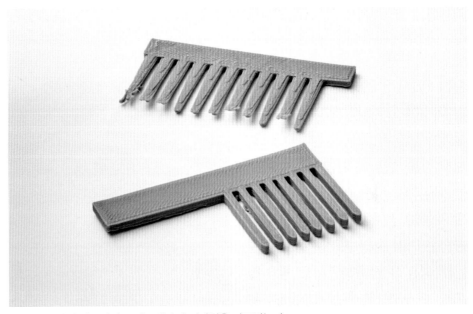

그림 5 빗살이 뒤틀려서 프린트됐다면 디자인을 바로잡는다.

생각해 보기

다음 질문에 대한 답을 생각해 봅시다. 여러분이 생각한 대로 수정하고 프린트하여 답이 맞는지 확인해 보세요.

빗살의 간격이 1.5mm가 아니라 3mm면 어떻게 될까요?

이 빗에는 빗살이 몇 개까지 가능할까요?

종이클립

실험 7에서 만든 빗은 빗살의 끝이 빗 머리에 고정되어 있어서, 반대쪽 끝에 유연성이 조금 생깁니다. 그래서 머리를 빗을 때 편합니다. 여기서는 고정하는 부분을 없애서 더 유연한 제품을 만들어 보겠습니다. 종이클립은 여러 장의 종이를 잡고 있을 만큼 충분히 단단하면서도, 종이를 끼울 수 있게 잘 휘는 이상적인 제품입니다.

디자인 노트

기본적인 종이클립은 다음으로 구성되어 있다.

위 프레임
아래 프레임
프레임 연결 부분

원한다면 솔리드 객체에서 위쪽 프레임과 아래 프레임이 사이를 파내서 만들 수도 있다.

디자인 과정

1. **쉐이프 생성기**(Shape Generators)의 **모두**(화살표 1)에서 **스마트 토러스 2**(화살표 2)를 사용해 두께 2mm의 크기가 다른 토러스 2개를 만든다. 큰 토러스(화살표 3)는 75×35mm 정도로, 작은 토러스(화살표 4)는 이 안에 들어맞도록 50×20mm 정도로 만든다(그림 1).

2. **구멍** 도구를 써서 큰 토러스의 왼쪽 윗부분을 약간 잘라 낸다(그림 2).

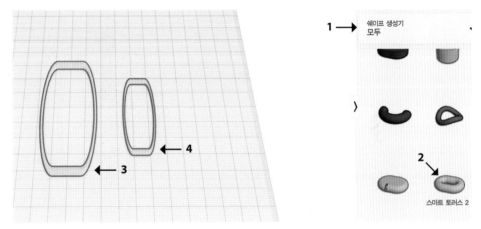

그림 1 토러스 모양 2개로 종이클립을 디자인한다.

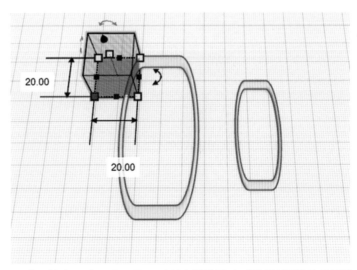

그림 2 상자 구멍 도구로 큰 토러스를 약간 잘라 내어 종이클립에 유연성을 더한다.

3. 그림 3처럼 토러스 2개를 **직육면체 기둥**
   으로 연결한다.

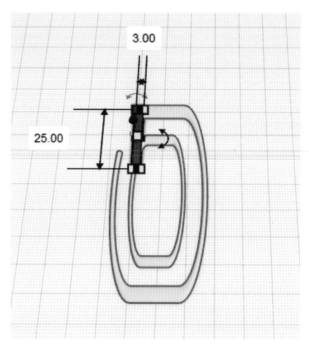

그림 3 토러스 2개를 **직육면체 기둥**으로 연결해서 종이클립을
만든다.

3D 프린팅 체크리스트

디자인을 프린트하기 전

- 9페이지의 3D 프린트 기본 요령을 숙지한다.
- 종이클립을 프린트한다.
- 프린트한 다음, 줄로 거친 부분을 정리한다.

품질 관리와 테스트

- 종이 여러 장을 잘 잡고 있는지 제품을 테스트한다.

생각해 보기

다음 질문에 대한 답을 생각해 봅시다. 여러분이 생각한 대로 수정하고 프린트하여 답이 맞는지 확인해 보세요.

종이클립을 덜 휘게 만들려면 디자인을 어떻게 바꿔야 할까요?

디자인을 어떻게 바꾸면 종이클립이 더 유연해질까요?

도전! 디자인 바꾸기

와이어프레임에 동물이나 새, 물고기를 새겨 넣을 수 있나요?

숨어 있는 과학 이야기

종이클립은 종이를 임시로 묶어 둘 때 사용하는 문구류입니다. 종이클립은 크기, 모양, 두께, 디자인이 다양합니다. 젬 종이클립은 19세기에 만들어진 최초의 종이클립으로 금속 철사로 만들었습니다. 현대 3D 프린팅 기술 덕분에 이 클립을 우리의 용도에 맞게 변형할 수 있게 되었습니다. 클립 사이의 공간을 많이 덜어 낼수록 유연성이 커집니다. 반대로 프레임을 채울수록 종이를 꽉 눌러서 단단하게 잡아 줍니다.

파스타 숟가락

대부분의 사람들은 파스타를 즐겨 먹습니다. 하지만 파스타를 덜어 줄 때 자꾸 미끄러진다면 제대로 된 숟가락을 갖춰 사용해 보는 것은 어떨까요. 파스타 만드는 게 훨씬 편해질 것입니다. 여기서는 구멍이 있는 파스타 숟가락을 만듭니다. 구멍으로 파스타 1인분을 잴 수 있고 물도 잘 빠집니다. 하지만 모든 사람이 같은 양은 아니랍니다.

완성된 숟가락은 테스트 용도로, 식히거나 차가운 파스타에만 사용합니다. 절대 뜨거운 파스타를 덜거나 먹을 때 사용하지 마세요.

디자인 노트
일반적으로 파스타 숟가락은 다음으로 구성되어 있다.

숟가락
손잡이
갈래
구멍(양을 재거나 물을 빼는 용도)

디자인 과정

1. 도구에서 **반구**를 선택해 두 개를 만든다.
   그림 1과 같이 큰 것은 30×30mm, 작은
   것은 구멍 반구로 약 27×27mm로 한다.

2. 중심이 같게 두 반구를 겹친다*(작은 것
   을 큰 것 안에 넣는다). 숟가락 두께를
   1.5mm 정도로 만드는 것이다. 겹친 반구
   를 뒤집어서 그림 2처럼 평평한 면이 위
   로 오게 한다.

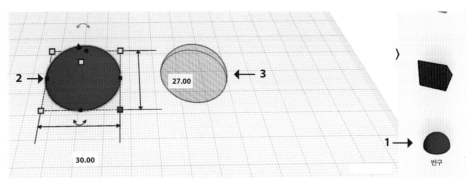

그림 1 파스타 숟가락의 돔 형태를 만들기 위해 반구 하나와 반구 구멍 하나를 만든다.

그림 2 반구 두 개를 겹친 다음 뒤집어서 평평한 면이 위로 오게 만든다.

---

* 두 객체를 선택하고 정렬(L) 기능을 이용한다.
   cookpq.blogspot.com/2020/11/3d-print.html
   참고

3. 반구 두 개를 그룹화한 다음 크기를 조정한다. 그림 3처럼 길이는 55 mm, 너비는 30mm, 높이는 13mm 정도로 한다.

4. 도구에서 **상자**를 선택해 늘려서 **사각기둥 구멍**을 세 개 만든다. 사각기둥의 너비는 파스타 숟가락의 갈래 크기에 따라 달라진다. 아래 그림에서는 6mm로 설정했다. 파스타 숟가락의 갈래가 대충 일정한 간격을 갖도록 배열한다(그림 4).

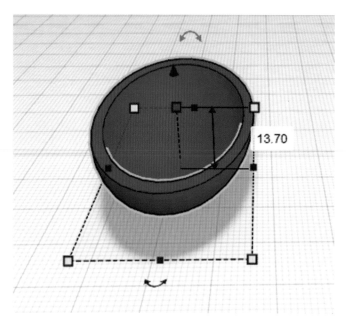

13.70

그림 3 반구 두 개를 그룹화하고 크기를 조정한다.

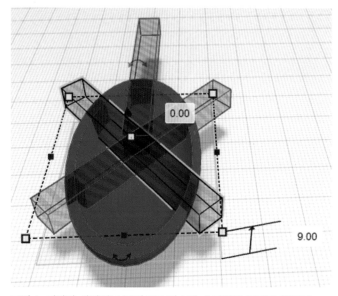

0.00

9.00

그림 4 기다란 사각기둥 구멍으로 파스타 숟가락에 갈래를 만든다.

5. 사각기둥과 숟가락을 **그룹화**해서 그림 5 처럼 만든다.

6. **원기둥 구멍** 도구를 사용해서 숟가락 가운데에 구멍을 만든다(그림 6).

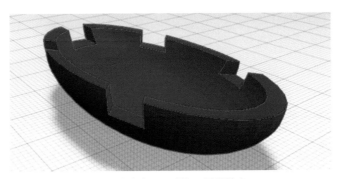

그림 5 숟가락 반구와 사각기둥 구멍을 그룹화한다.

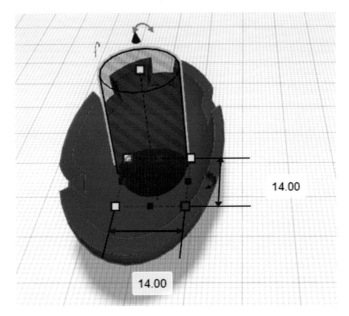

14.00

14.00

그림 6 원기둥 구멍을 이용해 숟가락 중앙에 구멍을 만든다.

7. 숟가락과 원기둥 구멍을 그룹화해서 숟가락 가운데에 구멍을 만든다. 그림 7처럼 손잡이를 붙인다.

8. 디자인을 180도 뒤집어서 작업 평면에 평평하게 놓이도록 만든다. 이렇게 해야 제대로 프린트된다.

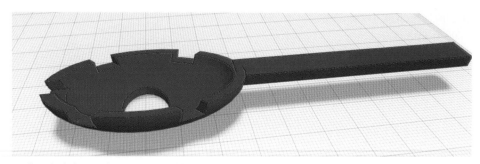

그림 7 손잡이를 붙이고 모두 그룹화한다.

생각해 보기

다음 질문에 대한 답을 생각해 봅시다. 여러분이 생각한 대로 수정하고 프린트하여 답이 맞는지 확인해 보세요.

디자인을 어떻게 바꾸면 삶은 파스타를 더 잘 뜰 수 있을까요?

디자인한 CAD를 프린트하기 전

3D 프린트 체크리스트

- 9페이지의 3D 프린트 기본 요령을 숙지 한다.

- 파스타 숟가락을 프린트한다.

- 프린트한 다음, 줄로 거친 부분을 정리한다.

질 관리와 제품 테스트

- 삶은 파스타가 잘 떠지는지 제품을 테스트한다. **뜨거운 파스타에는 사용하지 않는다. 음식을 먹는 용도로도 사용하지 않는다.**

도전! 디자인 바꾸기

손잡이 모양을 바꿔 더 잡기 쉽게 만들어 봅시다. 이것을 **인체 공학**이라고 부릅니다.

문화 속 이야기

19세기까지 대부분 손으로 파스타를 먹었는데, 토마토소스가 나오고 나서는 집어 먹기가 더욱 어려워졌습니다. 포크는 처음에는 약간 휘어진 네 갈래 형태였습니다. 휘어진 갈래가 여러 개 있는 형태의 '음식을 더는 도구'로서 가장 오래된 특허 기록은 1856년입니다. 그때부터 서빙 숟가락의 한쪽 면이나 양쪽 면에 휘어진 갈래가 있는 '마카로니 숟가락'이 나오기 시작했습니다. 갈래가 있으면 파스타나 스파게티를 서빙할 때 돌돌 돌리면 잘 떠집니다. 파스타의 물을 빼는 용도로 숟가락 가운데 구멍도 생겨났습니다. 그리고 구멍은 1인분의 양을 재는 용도로도 쓰입니다. 몇몇 실험 결과, 숟가락이 앞으로 약간 기울어지고 작은 구멍이 있는 25.4cm 길이의 파스타 숟가락이 서빙하는 데 가장 효율적이라는 결과가 나왔습니다.

알파벳 찌그러뜨리기:
구조 강도 실험

앞의 실험을 통해 재료의 크기를 조절하는 기술을 익혀 왔습니다. 이제는 구조물의 방향이 강도에 어떤 영향을 미치는지 알아보겠습니다. 서로 다른 구조물은 압박을 받는 부분이 향하는 방향에 따라 유연성에 영향을 받습니다.

이 실험에서는 기계 장치가 필요한데, 철물점에서 적당한 가격에 살 수 있습니다. 실험하는 동안 보호 안경을 반드시 착용합니다. (선택: 좀 더 정확한 측정을 위해 힘 측정기를 사용해도 됩니다. 그림 4의 장치는 Nextech DFS500 디지털 측정기입니다.)

디자인 노트

여러 가지 알파벳을 만들어서 3D 프린터로 프린트한 다음, 방향에 따라 구조 강도가 어떻게 달라지는지 실험해 보자. 구조 강도는 구조물의 변형을 눈으로 관찰하거나, 힘 측정기를 사용해서 잰다. 목적은 각 글자의 약점과 이 글자들의 방향에 따른 취약점을 찾는 것이다.

디자인 과정

1. A, B, C, T처럼 서로 다른 모양을 가진 다양한 글자를 선택한다.

2. **문자 및 숫자** 도구를 사용해서 작업 평면에 글자를 가져온다. 글자의 길이는 20mm, 높이는 3mm, 너비는 글자 모양에 비례해서 설정한다(그림 1).

3. 프린트하기 전에 프린트 설정에서 내부 채움을 5%로 설정한다(슬라이서 프로그램이나 3D 프린터의 설정을 확인한다). 하나의 글자를 2개씩 프린트한다.

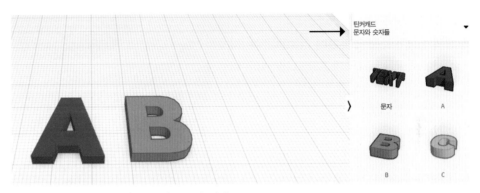

그림 1 틴커캐드에는 문자 및 숫자 도구가 있다.

그림 2 바이스에 글자를 처음에는 길이로, 그 다음에는 너비로 끼우고 방향을 달리했을 때 글자의 특성을 테스트한다.

3D 프린팅 체크리스트

디자인을 프린트하기 전

- 9페이지의 3D 프린트 기본 요령을 숙지한다.

- 글자를 2개씩 프린트한다.

- 프린트한 다음, 줄로 거친 부분을 정리한다.

구조 강도 실험 과정

실험하는 동안 보호 안경을 쓴다!

1. 흔들리지 않는 테이블에 바이스를 설치한다.

2. 첫 글자를 바이스 사이에 고정한다. 글자를 잡고 있을 정도지 글자가 찌그러지면 안 된다. 그림 2에서 처음에는 글자 A를 길이로, 그다음에는 너비로 끼운 것을 볼 수 있다.

3. 바이스 손잡이를 돌릴 때
- 글자가 찌그러지기 시작할 때까지 몇 번을 돌렸는지 적는다.
- 찌그러진 부분이 어디인지 적는다 - 위, 아래, 중간, 글자의 기둥 부분, 글자의 곡선 부분.
- 찌그러진 방향을 적는다 - 가로, 세로, 대각선.

4. 같은 글자를 새로 프린트해서 이번에는 너비로(그림 2) 바이스 사이에 끼운다. 글자를 잡고 있을 정도지 찌그러지면 안 된다(그림 3).

5. '3'의 변형 정보를 아래 표에 기록한다. 수치는 프린트한 글자의 재질과 크기뿐만이 아니라 사용한 바이스에 따라 달라진다.

그림 3 알파벳 T를 길이로 바이스에 고정한다.

글자 변형 결과				
글자	방향	변형이 시작될 때까지 핸들을 돌린 횟수	찌그러진 부분	찌그러진 방향
T	길이	5	T의 기둥	수평
T	너비	6	T의 윗부분	수평
E	길이			

생각해 보기

다음 질문에 대한 답을 생각해 봅시다. 여러분이 생각한 대로 수정하고 프린트하여 답이 맞는지 확인해 보세요.

바이스에서 꺼낸 글자가 원래 모양대로 돌아간 것이 있나요? 있다면 이유는 무엇일까요?

도전! 디자인 바꾸기

알파벳 O를 변형에 좀 더 강하도록 디자인을 바꿔 보세요.

숨어 있는 과학 이야기

알파벳의 글자 모양은 우리 주변의 구조물에 많이 사용됩니다. I 빔은 공사 현장에서 흔하게 사용됩니다. H 형태의 구조물은 터널을 건설할 때 터널을 지지하고 도로를 최대한 넓히는 용도로 사용됩니다. C 모양 구조물은 아치 모양이라서 무게를 균일하게 분산시켜 주기 때문에 건축에 많이 사용됩니다. 여기서는 바이스가 실제 가해지는 하중 역할을 합니다. 힘 측정기는 바이스와 함께 사용할 수 있는데, 글자를 찌그러뜨리는 실제 힘의 크기를 잴 수 있습니다(그림 4).

그림 4 바이스가 글자에 작용하는 힘의 크기를 힘 측정기로 잴 수 있다.

인공 산호초

그동안의 실험에서는 재료를 더하고, 빼고, 합치고, 크기를 바꾸는 등 다양한 디자인 기술을 익혀 왔습니다. 이제는 우리의 디자인이 다른 재료/환경과 상호 작용할 수 있게 하는 좀 더 복잡한 기술을 배워 보겠습니다.

이 실험에서는 물속에 넣으면 물의 흐름을 바꾸는 인공 산호초를 디자인해 보겠습니다. 산호초는 작은 물고기의 안식처가 되어 주는 동시에 물의 흐름을 방해합니다. 그 덕분에 산호초 주위에 유속이 줄어, 산호와 물고기들은 물에 있는 음식/영양분을 먹을 수 있습니다. 산호초 디자인은 유체 역학 시뮬레이션 소프트웨어로 테스트할 수 있습니다.

디자인 노트

기본적인 인공 산호초의 구성은 다음과 같다.

프레임
아기자기한 구석/틈(작은 물고기에게 쉼터 제공)
튀어나오고 들어간 부분(유속을 줄이거나 물의 흐름을 조정)

디자인 과정

1. 산호초는 간단한 형태보다는 복잡한 모양
으로 만드는 것이 좋다. 여기서는 그림 1
처럼 수직, 수평의 구멍이 있는 직사각형
형태의 구조를 사용한다. 크기는 50mm를
넘지 않는 게 좋다. 구멍은 어떤 모양이든
상관없다. 그림 1과 2에서 보듯이 여기서
는 네모 구멍을 사용한다.

2. 가운데 벽면에 한쪽으로 구멍을 뚫는다.
어느 구석에 뚫든 어떤 모양이든 상관없
다. 이 구멍은 물이 산호초로 들어온 뒤,
방향이 바뀌면서 속도가 느려지는 효과
를 노린 것이다(그림 3).

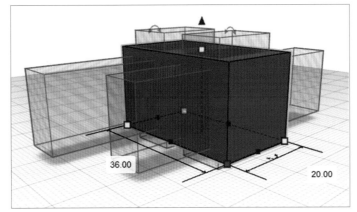

그림 1 산호초를 만들기 위해 직육면체에 직사각형 구멍을 여러 개 만든다.

그림 2 구멍을 직육면체와 그룹화한다.

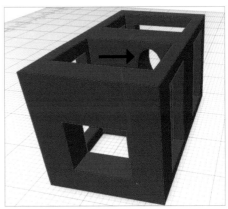

그림 3 중앙 벽면에 비스듬한 위치에 구멍을 뚫는다.

3. 산호초 구조물에 커다란 구멍을 막는 여러 가지 모양(커다란 물고기가 들어오지 못하도록)을 더해 보자. 이렇게 하면 그림 4의 화살표 1과 2와 같이 물의 흐름이 바뀌면서 유속이 느려지는 아늑한 구석이 생긴다.

4. 선택 사항: 틴커캐드에서 .STL 파일로 다운로드해서 오토데스크의 유체 역학 시뮬레이션 소프트웨어에서 돌려 본다. 산호초를 통과하는 물의 흐름을 모의실험할 수 있다. 물 흐름(그림 5, 화살표 1)을 산호초 모델(그림 5, 화살표 3)에 적용한다. 물의 흐름이 산호초 모양으로 인해 어떻게 바뀌는지 관찰한다. 파란색 줄무늬(그림 5, 화살표 2)가 생기는지 관찰한다. 파란색 줄무늬는 유속이 많이 느려지는 것을 의미한다. 모의실험의 결과를 그림 5에서 확인해 보자.

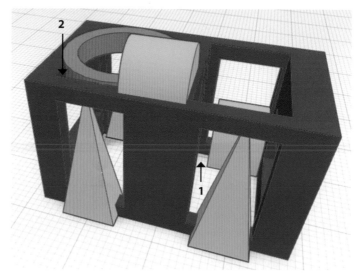

그림 4 여러 가지 모양을 사용해 산호초 안에 구석진 부분을 만든다.

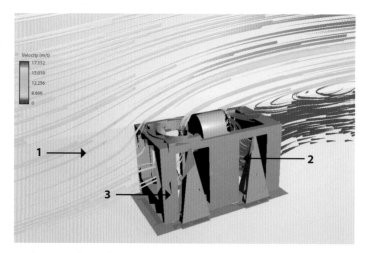

그림 5 오토데스크의 유체 역학 시뮬레이션 소프트웨어를 사용해서 산호초를 통과하는 물의 흐름을 모의실험을 한다. 짙은 파란색일수록 유속이 느려지는 것을 나타낸다.

3D 프린팅 체크리스트

디자인을 프린트하기 전

- 9페이지의 3D 프린트 기본 요령을 숙지한다.

- 인공 산호초를 프린트한다.

- 프린트한 다음, 줄로 거친 부분을 정리한다.

품질 관리와 테스트(선택 사항)

- CAD 모델을 오토데스크의 유체 역학 시뮬레이션 소프트웨어로 모의 실험한다.

생각해 보기

다음 질문에 대한 답을 생각해 봅시다. 여러분이 생각한 대로 수정하고 프린트하여 답이 맞는지 확인해 보세요.

산호초 주변의 유속을 느리게 만들어야 하는 이유는 무엇일까요?

도전! 디자인 바꾸기

산호초 바로 근처에서 유속이 느려지도록 디자인을 개선해 봅시다.

숨어 있는 과학 이야기

바닷속에 산호초가 사라지면서, 인공 산호초가 많이 만들어졌습니다. 인공 산호초는 콘크리트 구조물, 폐차된 지하철, 자동차 타이어 묶음 등 다양한 재료가 사용됩니다. 요즘에는 3D 프린터로 만든 인공 산호초가 세계 곳곳에서 쓰이고 있습니다.

물이 흐르는 길에 물체가 있으면 물 분자의 방향이 바뀝니다. 이렇게 되면 속도가 느려지고 그에 따라 물과 같이 다니는 물질들도 느려집니다.

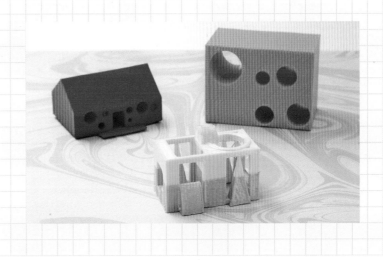

호루라기

앞에서는 물의 흐름을 바꾸는 실험을 위해 인공 산호초를 만들어 봤습니다. 여기서는 공기의 흐름을 바꾸는 물건을 디자인합니다. 호루라기를 불면 공기가 그 안을 통과하면서 끝부분에서 소리를 만들어 냅니다. CAD에서 호루라기를 디자인하려면 여러 가지 단계를 거쳐야 합니다.

 디자인 노트

기본적인 호루라기의 구성은 다음과 같다.

몸체
입을 대는 구멍
소리 구멍
호루라기 콩

디자인 과정

1. **원기둥** 도구를 사용해서 호루라기의 몸체를 지름 27mm, 높이 20mm로 만든다. 원기둥과 같은 높이로 원기둥 왼쪽 윗부분에 **상자**를 붙인다. 너비는 7mm, 길이는 25mm로 한다. 상자와 원기둥을 윗부분이 같은 높이로 이어지게 붙인다. 그림 1의 화살표 1은 두 물체가 만나는 지점을 보여준다. 원기둥과 상자를 **그룹화**한다. 이것을 복사해서 한쪽으로 치워 둔다. 나중에 뚜껑으로 사용할 것이다.

2. 이제 호루라기 몸체의 속을 비워 보자. 지름 23mm짜리 원기둥을 하나 더 만든다. 옆으로 옮겨 첫 번째 원기둥 안에 일정한 간격으로 들어가게(중심을 맞추어) 위치시킨다. 너비는 4mm, 길이는 '1'보다 약간 길게 상자를 하나 더 만든다. '1'에서 했던 것처럼 윗면이 매끄럽게 이어지게 상자와 원기둥을 위치시킨다. 이것을 그룹화하고 구멍으로 바꾼다. 구멍을 작업 평면에서 2mm 위로 올린다. 그다음 '1'과 '2'에서 만든 상자, 원기둥을 그룹화해서 비어 있는 호루라기 몸체를 만든다. 그림 3에서 상자와 원기둥이 만나는 지점(화살표 1)이 매끄럽게 이어져야 한다.

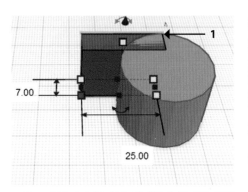

그림 1 호루라기 몸체의 원기둥과 상자를 연결한다.

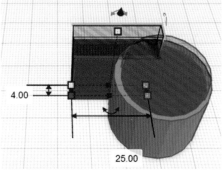

그림 2 원기둥 구멍과 상자 구멍으로 호루라기 몸체를 비운다.

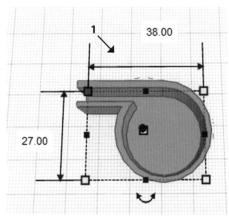

그림 3 상자와 원기둥이 매끄럽게 이어져야 한다.

3. 입을 대는 구멍의 안쪽은 사선이어야 한다. **기본 도형**의 도구 상자에서 **쐐기**를 선택해서 구멍 안쪽에 사선으로 붙인다. 쐐기를 그림 4처럼 돌려야 한다. 두꺼운 부분을 1.5mm 정도로 만들어 그림 4의 화살표 1처럼 안쪽에 붙인다. **그리드 스냅**을 1mm 아래로 조정해서 쐐기와 구멍 벽 사이에 틈이 안 생기게 한다. 자세한 치수는 그림 4를 참조한다.

4. 소리가 나오는 구멍을 만든다. 우선 **상자** 도구를 사용해서 너비 3mm, 높이 18mm의 상자 구멍을 만든다(그림 5). 상자 구멍을 쐐기의 끝부분과 가깝게 맞춘다(그림 5 화살표 1). 그다음 작업 평면에서 위로 2mm 올린다. 호루라기 몸체와 그룹화한다.

5. 이제 소리 구멍의 한쪽에 사선을 만든다. **쐐기** 도구를 이용해서 그림 6처럼 쐐기 구멍을 만든다. 그림처럼 보이려면 축을 두 번 돌려야 한다. 쐐기의 폭은 3.8mm로 한다. 그림 6처럼 소리 구멍의 안쪽 모서리와 사선을 맞춘다. 호루라기 몸체와 쐐기 구멍을 그룹화한다.

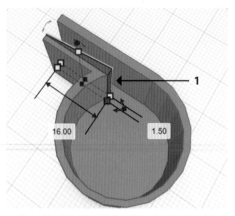

그림 4 쐐기를 이용해서 입을 대는 구멍 안쪽에 사선을 만든다.

그림 5 호루라기에 소리 구멍을 만든다.

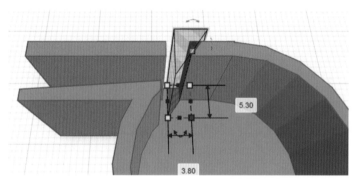

그림 6 쐐기 구멍을 사용해서 소리 구멍에 사선을 만든다.

6. 지름이 15mm인 **구**로 호루라기 콩을 만든 다음, 작업 평면 위로 1.9mm 올린다. 그림 7처럼 호루라기 안쪽에 넣는다.

7. '1'에서 복사해둔 모양을 높이 2.1mm로 납작하게 만든 다음, '6'에서 만든 호루라기 디자인 위에 덮는다. 작업 평면에서 18.9mm 위로 올리는데, 틈이 없는지 확인한다. 호루라기 몸체와 그룹화한다. 그림 8은 완성된 호루라기 모습이다.

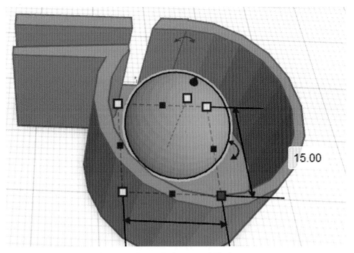

그림 7 호루라기 콩은 호루라기 안의 구를 말한다.

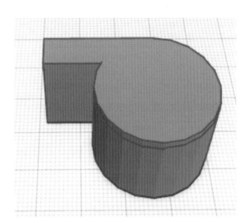

그림 8 호루라기 몸체를 복사해서 납작하게 만든 다음, 뚜껑으로 사용하면 호루라기가 완성된다.

기본 주먹장 결합

때로는 움직일 수 있거나 분해 조립이 가능한 물건을 만들어야 합니다. 필요에 의해서 이렇게 만들기도 하지만, 3D 프린터의 한계 때문에 이렇게 만들어야 할 때도 있습니다. 이럴 때, 우리 몸의 관절과 비슷한 역할을 하는 '결합'을 사용하면 됩니다. 결합에는 다양한 종류가 있습니다. 손가락 관절처럼 특정한 방향으로만 움직이는 것도 있고, 어깨관절처럼 회전 운동이 가능한 것도 있습니다. 이 실험에서는 조립하거나 분리할 때 일직선으로만 움직일 수 있는 주먹장 결합을 만들어 보겠습니다.

디자인 노트

기본 주먹장은 한 축을 따라 서로 맞물리는 두 부분으로 이루어져 있다.

비둘기 꼬리 모양의 홈(소켓)
비둘기 꼬리 모양

디자인 과정

1. 주먹장 결합의 소켓을 디자인한다. **상자** 도구로 크기 20×35mm, 높이 12mm의 직육면체를 만든다.

2. 삼각기둥인 **지붕** 도구를 사용해서 상자에 비둘기 꼬리 모양의 소켓을 만든다. 지붕의 너비는 상자의 너비보다 적어도 2mm는 작아야 한다. 여기서 지붕의 너비는 12mm이다. 높이는 상자와 같은 정도다. 지붕을 상자 너비의 중간, 상자 위에서 반이 조금 안 되는 높이로 옮긴다(그림 1). 화살표 1을 보면 알 수 있듯이, 지붕이 상자의 반이 안 되는 위치에 있다. 이것이 중요하다.

3. 지붕을 구멍으로 바꾼 다음 상자와 그룹화해서 결합의 소켓을 완성한다(그림 2). 상자를 관통하는 비둘기 꼬리 모양의 구멍처럼 보일 것이다.

4. **상자** 도구를 이용해 꼬리 부분을 시작한다. 길이 20mm, 높이 15mm로 한다.

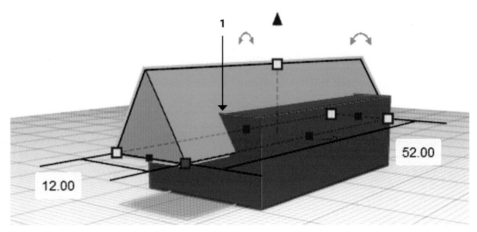

그림 1 상자 안에 삼각기둥(지붕)을 위치한다.

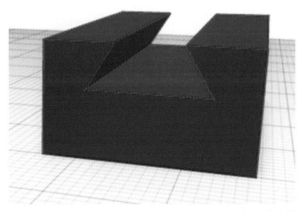

그림 2 삼각기둥과 상자를 그룹화해서 비둘기 꼬리 모양의 홈을 만든다.

5. **지붕** 도구로 '2'에서 만든 지붕보다 2mm 좁은 두 번째 지붕을 만든다. 높이는 1mm 낮으면 된다(그림 3).

6. 두 번째 지붕과 '4'에서 만든 상자를 합친 다. 상자는 지붕 높이의 반이 안 되는 위 치에 붙여야 홈에 끼울 수 있다. 그림 3의 화살표 1에서 보듯이 지붕에 절반이 안 되게 상자를 덮는다.

7. 지붕과 '4'에서 만든 상자를 그룹화해서 꼬리 부분을 완성한다. 만든 꼬리를 소켓 으로 가져가서 잘 끼워지는지 확인한다. 그림 4를 보면 왼쪽(화살표 1)은 안 맞고, 오른쪽은 잘 맞는다(화살표 2는 결합의 꼬리와 소켓에 약간의 여유가 있는 것을 보여 준다).

8. 잘 맞는지 테스트한 후 필요하면 크기를 조정한다. 프린트를 따로 할 수 있도록 꼬리와 소켓을 떨어뜨려 놓는다. '4'에서 상자로 만든 꼬리를 90° 돌려야 아랫면으 로 설 수 있다(그림 5). 이렇게 해야 프린 팅 과정에서 튀어나오는 부분(오버행)이 없어 결과물이 잘 나온다.

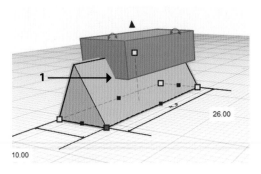

그림 3 꼬리를 약간 좁게 만들어야 홈에 끼울 수 있다.

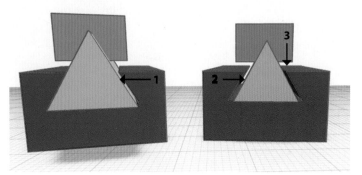

그림 4 꼬리를 홈에 끼운다. 제대로 맞 으려면 약간의 틈이 있어야 한다.

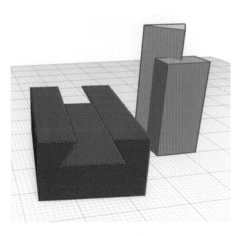

그림 5 완성된 디자인 이 3D로 프린팅할 수 있게 놓여 있다.

3D 프린팅 체크리스트

디자인을 프린트하기 전

- 9페이지의 3D 프린트 기본 요령을 숙지한다.

- 주먹장 결합을 프린트한다.

- 프린트한 다음, 줄로 거친 부분을 정리한다.

품질 관리와 테스트

- 꼬리와 소켓이 잘 끼워지고 빠지는지 테스트한다.

생각해 보기

다음 질문에 대한 답을 생각해 봅시다. 여러분이 생각한 대로 수정하고 프린트하여 답이 맞는지 확인해 보세요.

왜 소켓보다 꼬리 부분이 좀 더 작아야 하나요?

도전! 디자인 바꾸기

한쪽으로만 끼울 수 있도록 디자인을 바꿔 봅시다.

숨어 있는 과학 이야기

일반적으로 결합은 움직임에 제한이 있습니다. 주먹장 결합도 직선 방향으로만 움직일 수 있고, 그에 맞는 쓰임새가 있습니다. 어떤 결합은 일직선으로는 움직일 수 없고, 회전 운동만 가능한 것도 있습니다.

핸드폰 거치대

실험 13에서는 주먹장 결합을 소개
했습니다. 다시 정리하자면, 결합은
두 개 이상의 물건을 연결해서 더
큰 물건을 만드는 데 유용합니다. 여
기서는 주먹장 결합으로 분리 가능
한 핸드폰 거치대를 만들어 이 기술
을 확실히 익혀 보겠습니다. 핸드폰
거치대를 분리할 수 있으면 가지고
다니기 훨씬 편합니다.

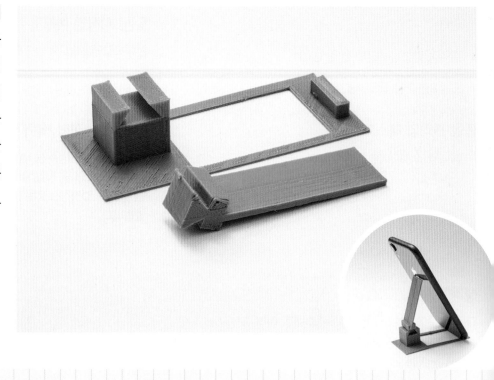

디자인 노트

기본 핸드폰 거치대는 다음 요소가 필요하다.

밑판: 핸드폰을 세우고 거치대의 다른 부품이 올라가는 곳
지지대: 다양한 각도로 핸드폰을 기댈 수 있는 곳
턱: 지지대와 밑판 연결 부분에 핸드폰을 기대어 둘 때
　핸드폰이 미끄러지지 않도록 해 주는 부분

주먹장 결합 만드는 법은 실험 13의 기본 주먹장 결합
(72 페이지) 참조

디자인 과정

1. 디자인 노트에서 언급한 세 가지 요소를 반영해서 핸드폰 거치대의 단순 스케치부터 한다. 그림 1을 참조할 뿐 턱, 지지대, 밑판에 얼마든지 변화를 줄 수 있다.

2. 다음으로, CAD 소프트웨어로 '1'의 스케치에 나온 요소를 디자인한다.

   밑판을 만든다[두께 2mm, 너비 40mm, 길이 약 80mm(그림 2의 2)].

   밑판에 붙이는 주먹장 결합의 소켓 길이를 약 20mm 또는 밑판 너비의 반으로 한다(그림 2의 3).

   소켓에 맞게 주먹장 결합의 꼬리를 만든다(그림 2의 4).

   주먹장 결합의 꼬리 부분에 붙일 지지대를 만든다[지지대 너비 20mm(그림 2의 5)].

   밑판에서 가운데 부분을 잘라 낸다. 꼭 필요한 건 아니지만 재료를 아낄 수 있다(그림 3 참조). 잘라 내는 부분의 크기는 아끼고 싶은 재료의 양에 따라 달라진다.

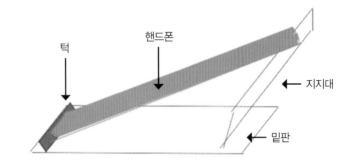

그림 1 핸드폰을 기대 놓은 거치대의 단순 스케치

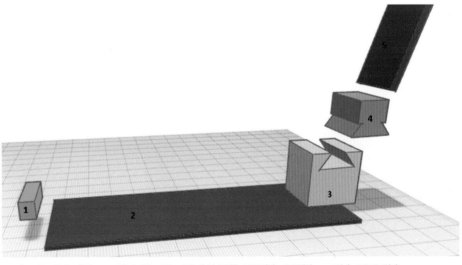

그림 2 주먹장 결합으로 만든 핸드폰 거치대의 턱(1), 밑판(2), 소켓(3), 꼬리(4), 지지대(5)

3D 프린팅 체크리스트

디자인을 프린트하기 전

■ 9페이지의 3D 프린트 기본 요령을 숙지
한다.

■ 지지대-주먹장 결합의 꼬리 부분을 돌려
서 작업 평면에 평평하게 눕힌다(그림 4).

■ 구멍을 만들어 재료를 아낀다(밑판에 직
사각형 구멍을 만든 것을 그림 3에서 볼
수 있다).

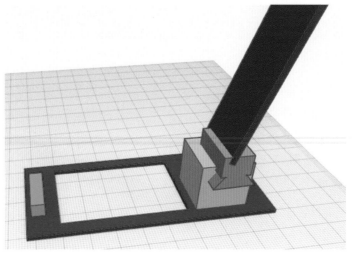

그림 3 핸드폰 거치대의 완성 모습

■ 주먹장 결합의 소켓 치수보다 꼬리 치수
가 약간 작은지 확인한다.

■ 핸드폰 거치대를 프린트한다.

■ 프린트한 다음, 줄로 거친 부분을 정리
한다.

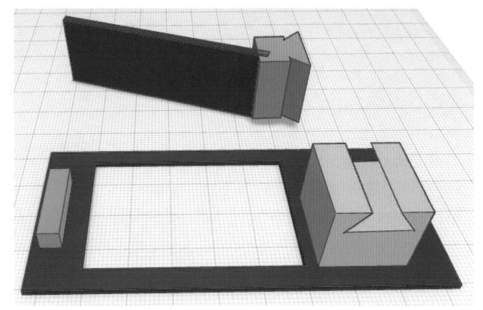

그림 4 완성된 핸드폰 거치대를 3D 프린트가 가능하게 배치한 모습

품질 관리와 테스트

제품을 테스트

- 주먹장 결합을 조립할 때 부드럽게 끼워 지는가?
- 핸드폰이 거치대에 잘 서 있는가.

생각해 보기

다음 질문에 대한 답을 생각해 봅시다. 여러 분이 생각한 대로 수정하고 프린트하여 답 이 맞는지 확인해 보세요.

턱은 디자인에 어떤 도움을 주나요?

분해해서 가지고 다니기 편하게 만들려면 어떻게 디자인을 바꿔야 할까요?

도전! 디자인 바꾸기

디자인의 한 부분만 바꿔서 핸드폰을 두 가지 각도로 세울 수 있 나요?

숨어 있는 과학 이야기

주먹장 결합이 있어 밑판에 지지대를 튼튼하게 붙일 수 있습니다. 이 덕에 지지대가 넘어가지 않고 핸드폰을 잘 잡아 줍니다. 지지대 의 길이는 핸드폰의 무게 중심과 원하는 화면의 각도를 고려해서 잘 정해야 합니다.

볼 – 앤 – 소켓 카메라 거치대

실험 14에서는 제품에 기능성을 높이기 위해 분리 가능한 주먹장 결합을 사용했습니다. 이제 볼–앤–소켓이라는 다른 결합을 사용해서 회전하는 카메라 거치대를 만들어 보겠습니다. 소켓에 세로로 절개를 넣는데, 이렇게 하면 볼을 끼고 빼기 편리합니다.

디자인 노트

기본 볼–앤–소켓 결합 카메라 거치대에는 다음이 필요하다.

세로로 절개가 들어간 소켓과 받침
볼
카메라 지지대

디자인 과정

받침에 세로로 절개가 들어간 소켓을 만든다.

1. **구** 도구를 사용해 지름 25mm의 구를 만든다. 그림 1에서처럼 **직육면체 구멍** 도구를 써서 구의 1/4을 잘라 낸다. 직육면체 구멍과 구를 그룹화해서 소켓 틀의 기초를 만든다(그림 2).

2. 이제 소켓 틀의 홈을 만든다. 지름 23mm의 **구 구멍**을 만든다. 이것을 '1'에서 만든 구 안에 두께가 일정하도록(중심이 같게*) 위치시킨다(그림 2). 둘을 그룹화하면 속이 빈 소켓이 완성된다.

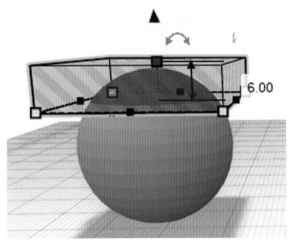

그림 1 구의 윗부분을 잘라 내기 위해 구 위에 직육면체 구멍을 올린다.

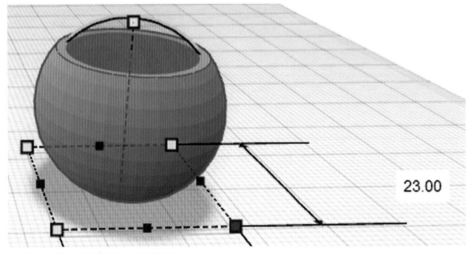

그림 2 소켓과 구 구멍을 그룹화한다.

* 정렬(L) 기능 이용.

3. 소켓의 벽에 절개를 넣으면 볼을 안에 넣기 편하게 유연해진다. 그림 3처럼 **사각 기둥 구멍**으로 절개를 만든다. 소켓 높이의 반 정도까지 내려가도록 위치를 잡는다. 그림 3처럼 2개를 더 만든다.

4. 3개의 절개와 속이 빈 소켓을 **그룹화**해서 소켓 틀을 완성한다. 그림 4처럼 완성된 소켓을 위로 1mm 올리고 그 아래에 두께 2mm 받침을 놓는다.

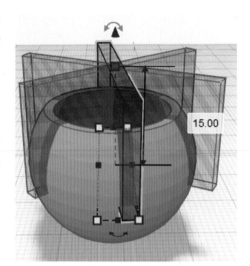

그림 3 속이 비어 있는 구에 직육면체 구멍으로 절개를 만든다.

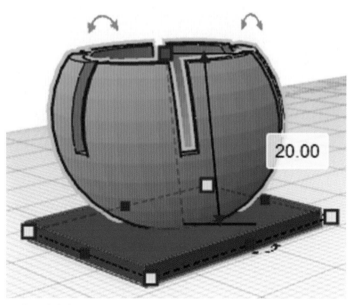

그림 4 절개가 들어간 구를 받침과 그룹화해서 소켓을 완성한 모습

5. **구** 도구를 사용해서 결합에 쓰는 볼을 소
   켓의 안쪽 지름보다 1mm 작게 만든다.
   여기 볼은 지름을 22mm로 했다. 볼의 윗
   부분에 손잡이로 쓸 작은 상자를 올린다
   (그림 5).

6. 카메라 지지대는 따로 만들어야 한다. 그
   래야 프린트하기 쉽다. 카메라 지지대는
   카메라를 끼워 잡아 주는 단순한 받침대
   형태다. 실험 13(72페이지)에서 만든 주먹
   장 결합을 사용해서 카메라 지지대를 볼
   손잡이에 연결할 것이다. 이건 주먹장 결
   합 소켓과 받침대, 두 부분으로 이루어져
   있다. 받침대에 붙어 있는 주먹장 결합 소
   켓(그림 6, 화살표 2)은 **쉐이프 생성기 도
   구 상자**(그림 6, 화살표 1)에서 **사각뿔대
   (Double Trapezoid)**를 사용해서 만든다.

7. 받침대는 그림 6의 화살표 3처럼 **상자** 도
   구를 여러 개 사용해서 만든다. 카메라가
   받침대에 편안하게 맞아야 하므로, 받침
   대의 너비는 카메라 두께에 맞춘다(핸드
   폰 카메라는 약 7mm). '6'에서 사각뿔대
   (Double Trapezoid)로 만든 주먹장 소켓
   에 받침대를 붙인다(그림 6).

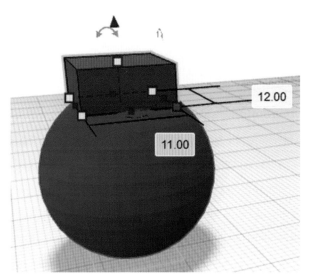

그림 5 결합에 사용할 볼에 상자를 붙여 손잡이를 만든다.

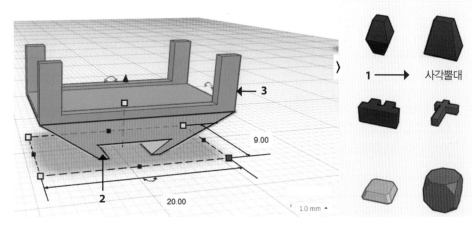

그림 6 사각뿔대(Double Trapezoid)로 만든 주먹장 소켓에 카메라 받침대를 붙인 모습

8. 주먹장 결합 소켓과 손잡이 위의 꼬리(그림 7)는 실험 13(72페이지)의 주먹장 결합 만들기를 이용해서 만든다.

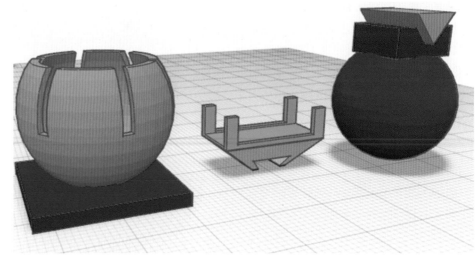

그림 7 3D 프린트가 가능하도록 카메라 지지대의 각 부분을 작업 평면에 배치한다.

3D 프린팅 체크리스트

디자인을 프린트하기 전

■ 9페이지의 3D 프린트 기본 요령을 숙지한다.

■ 슬라이서 프로그램이나 3D 프린터에서 지지대 옵션을 선택해서 튀어나온 부분(오버행)이 잘 출력되도록 한다.

■ 카메라 거치대를 프린트한다.

■ 프린트한 다음, 줄로 거친 부분을 정리한다. 지지대를 제거한다.

품질 관리와 테스트

■ 그림 8처럼 장착해서 카메라를 잘 잡고 있는지, 카메라가 잘 돌아가는지 테스트한다.

그림 8 카메라 거치대의 완성 모습

생각해 보기

다음 질문에 대한 답을 생각해 봅시다. 여러분이 생각한 대로 수정하고 프린트하여 답이 맞는지 확인해 보세요.

볼의 지름과 소켓의 안쪽 지름의 차이가 고작 0.5mm라면 어떻게 될까요?

소켓에 절개가 필요한 이유는 무엇인가요?

도전! 디자인 바꾸기

잠글 수 있는 볼-앤-소켓 결합을 디자인할 수 있나요?

숨어 있는 과학 이야기

볼이 둥글기 때문에 볼-앤-소켓 결합이 모든 방향으로 부드럽게 돌아갈 수 있습니다. 이것은 비디오와 사진을 찍을 때 부드럽게 움직여야 하는 카메라 지지대에 아주 중요한 기능입니다.

자물쇠가 달린 볼 – 앤 – 소켓 카메라 거치대

실험 15에서는 볼–앤–소켓 결합으로 카메라 거치대를 만들어 봤습니다. 거치대가 똑바로 서지 않으면 카메라의 무게 때문에 카메라가 아래로 떨어집니다. 그래서 무게를 견딜 수 있도록 원하는 위치에 카메라를 잠글 필요가 있습니다. 여기서는 볼–앤–소켓 연결에 잠금 장치를 만들어 보겠습니다.

디자인 노트

자물쇠를 달고 싶은 위치가 몇 개인가에 따라 디자인은 바뀔 수 있다. 여기서는 카메라 거치대를 세로 방향으로 잠글 때로 한정한다. 실험 15 디자인에 덧붙여 만들 부분은,

볼의 열쇠 홈
소켓의 열쇠 구멍
열쇠

디자인 과정

열쇠 홈 만들기

1. 먼저 앞 실험에서 절개가 들어간 소켓과 볼을 가져온다. 소켓을 **투명**하게 바꿔서 (그림 1, 화살표 2) 소켓 안쪽과 볼 사이의 간격이 모두 일정한지 확인한다(그림 1, 화살표 1).

2. 볼을 수평으로 움직여서 밖으로 뺀다. 같은 높이와 각도를 유지하도록 한다.

3. 이제 거치대를 세로 방향으로 잠글 수 있도록 열쇠 구멍을 만들어 보자. 2×2×20mm 크기의 **직육면체 상자 구멍**을 만든다. 소켓 높이의 중간쯤에 기둥을 밀어 넣는다(작업 평면으로부터의 높이를 적어 놓는다. 그림 2의 화살표 참조). 이 구멍을 복사해서 수평으로 한쪽에 치워 두었다가 볼에 열쇠 홈을 만드는 데 사용한다. 소켓에 상자 구멍을 **그룹화**해서 열쇠 구멍을 만든다(그림 3).

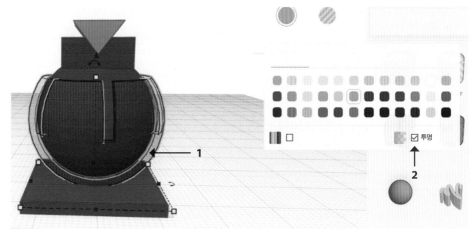

그림 1 볼과 소켓 결합에서 소켓을 투명하게 만든다.

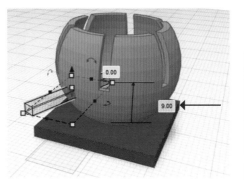

그림 2 소켓에 상자로 구멍을 만든다.

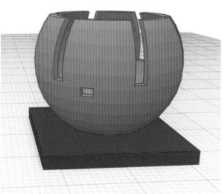

그림 3 완성된 상자 모양의 구멍

4. 이제 거치대를 세로 방향으로 잠글 수 있도록 볼 부분에 열쇠 홈을 만든다. '3'에에서 복사해 둔 상자 구멍을 사용한다. 이것을 '3'에서 한 것처럼 작업 평면으로부터 똑같은 높이와 각도로 볼과 합친다(그림 4). 볼과 상자 구멍을 그룹화해서 열쇠 홈을 만든다(그림 5).

5. 사다리꼴 도구를 사용해서 열쇠를 만든다. 넓은 쪽 끝 부분은 1.5×1.5mm, 길이는 10mm로 한다(그림 6).

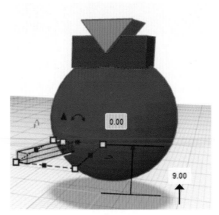

그림 4 결합의 볼에 열쇠 홈을 만들기 위해 소켓의 구멍과 똑같은 높이와 각도로 상자 구멍을 만든다.

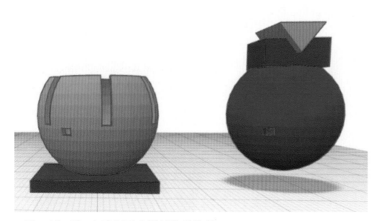

그림 5 볼−앤−소켓 연결에 완성된 열쇠 홈

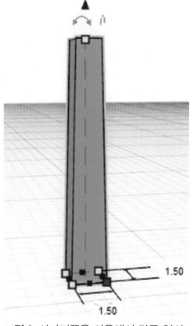

그림 6 사다리꼴을 사용해서 만든 열쇠

3D 프린팅 체크리스트

디자인을 프린트하기 전

■ 9페이지의 3D 프린트 기본 요령을 숙지한다.

■ 자물쇠가 달린 카메라 거치대를 프린트한다.

■ 프린트한 다음, 줄로 거친 부분을 정리한다. 지지대를 제거한다.

품질 관리와 테스트

■ 제품이 잘 회전하는지 그리고 세로 방향으로 잘 잠기는지 테스트한다.

생각해 보기

다음 질문에 대한 답을 생각해 봅시다. 여러분이 생각한 대로 수정하고 프린트하여 답이 맞는지 확인해 보세요.

소켓 부분의 절개에 열쇠 홈을 만든다면 어떻게 될까요?

도전! 디자인 바꾸기

열쇠를 사용하지 않고 카메라를 세로 방향으로 잠글 수 있나요?

숨어 있는 과학 이야기

열쇠는 제한된 움직임과 회전력을 이용합니다. 열쇠가 들어가는 틈을 열쇠 홈이라고 하는데, 열쇠와 이 홈 사이의 공차는 매우 중요합니다. 공차가 너무 크면 잘 안 열리기 때문입니다. 열쇠 구멍의 입구를 넓은 경사로 만들면 편의성이 크게 높아집니다. 들어가기는 쉽지만 좁아지는 구멍으로 열쇠가 딱 맞아 들어가기 때문에 공차를 늘리지 않아도 됩니다.

3D 퍼즐

여기서는 결합에 대한 지식을 활용해 3D 퍼즐을 만들어 보겠습니다. 대부분의 2D 퍼즐은 정해진 순서로 맞출 필요가 없지만, 여기서 만드는 3D 퍼즐은 반드시 정해진 순서대로 맞춰야 합니다. 퍼즐을 디자인할 때는 우선 퍼즐을 몇 조각으로 만들지, 어떤 순서로 맞출지 정해야 합니다.

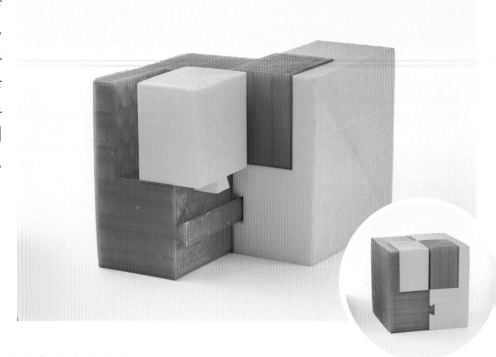

디자인 노트

이 디자인은 작은 조각 2개가 큰 조각 2개에 각각 연결되는 형태이다. 이 퍼즐은 주먹장 결합을 사용한다. 디자인 순서는 다음과 같다.

퍼즐 조각 만들기
결합에 쓰이는 주먹장 꼬리와 소켓 확인하기
결합 만들기

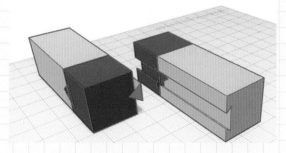

그림 1 우선 큰 노란 퍼즐에 작은 빨간 퍼즐을 끼운다. 그러고 나서 다시 두 퍼즐을 끼워 맞춰 3D 퍼즐을 완성한다.

디자인 과정

1. 먼저 20×20mm의 상자를 만든다. 복사해서 하나 더 만든다. 이러면 작은 퍼즐이 2개 생긴다.

2. 그다음 44×20mm 상자를 만들고 복사한다. '1'과 마찬가지로 큰 퍼즐이 2개 생긴다. 그림 2에서 확인할 수 있다.

3. 서로 맞닿을 면을 확인한다. 연결이 될 면에 소켓인지 꼬리인지 표시해 둔다(그림 3).

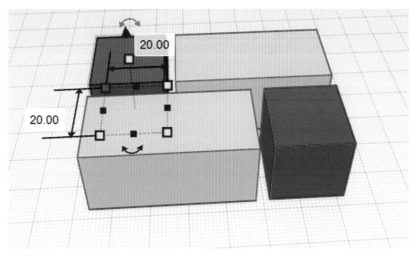

그림 2 퍼즐 조각 4개를 만든다.

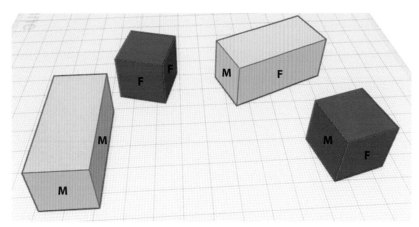

그림 3 퍼즐에서 서로 닿을 면을 확인한다. 도형에서 M과 F 면이 서로 만나는 면이다.

4. 이제 퍼즐에 주먹장 결합을 만든다. 실험 13(72페이지)의 순서대로 잘 맞게 만든다. 그림 4에서 작은 퍼즐과 큰 퍼즐에 만든 주먹장 모양을 볼 수 있다. 그림 5는 모든 퍼즐에 주먹장 결합을 만든 모습이다.

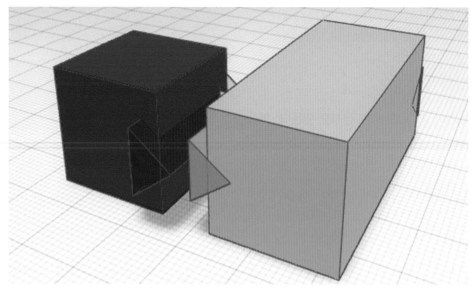

그림 4 큰 퍼즐과 작은 퍼즐에 만든 주먹장 결합

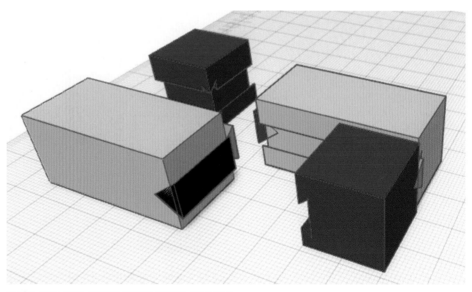

그림 5 모든 퍼즐 조각에 주먹장 결합을 만든 모습

3D 프린팅 체크리스트

디자인을 프린트하기 전

- 9페이지의 3D 프린트 기본 요령을 숙지한다.

- 퍼즐을 프린트한다.

- 프린트한 다음, 줄로 거친 부분을 정리한다.

품질 관리와 테스트

- 퍼즐이 잘 맞춰지는지 테스트한다.

생각해 보기

다음 질문에 대한 답을 생각해 봅시다. 여러분이 생각한 대로 수정하고 프린트하여 답이 맞는지 확인해 보세요.

조립하는 순서를 바꿀 수 있나요? 불가능하다면, 디자인을 개선해서 조립 순서를 바꿔도 가능하게 만들어 봅시다.

도전! 디자인 바꾸기

다른 주먹장 결합을 이용하여 직접 연결되어 있지 않은 두 퍼즐 조각을 맞출 수 있나요?

숨어 있는 과학 이야기

사람들은 오래 전부터 3D 퍼즐을 이용한 잠금 장치를 만들어 왔습니다. 이 장치들은 역사를 다룬 영화(예를 들어, 내셔널 트레져)에서 자주 볼 수 있습니다. 어떤 3D 퍼즐은 내부에 2단계의 보안 장치가 있기도 합니다. 주먹장 외의 다른 결합도 3D 퍼즐에 활용할 수 있습니다.

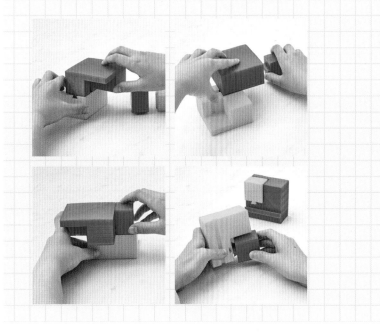

신체 모델링:
사람 손

지금까지 배운 기술을 사용해서 사람의 손바닥과 손가락 관절을 만들어 보겠습니다. 각각의 손가락뼈를 마디뼈라고 합니다. 손가락은 손바닥에 타원관절로 연결되어 있습니다. 하지만 여기서는 인대를 만들 수 없기 때문에 볼-앤-소켓 결합으로 만들어 보겠습니다. 이번에는 틴커캐드에서 제공하는 볼-앤-소켓 결합을 사용해 보겠습니다. 이 결합 도구는 절개가 하나뿐으로 실험 15에서 만든 것과는 약간 다릅니다.

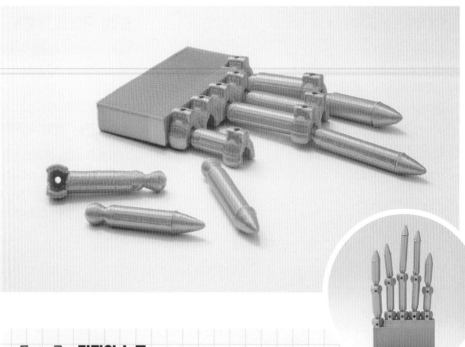

디자인 노트
사람 손을 디자인하는 데는 다음이 필요하다.
신체 부위는 위치에 따라 이름이 붙여지고는 한다.

손바닥
손가락 관절(소켓)
볼과 손가락(첫 마디 뼈)
손가락(중간 마디 뼈)
손가락 끝(끝 마디 뼈)

디자인 과정

1. 크기가 다른 **상자** 2개로 손바닥을 만든다. 손바닥의 너비는 73mm, 두께는 16mm로 한다(그림 1). 내려앉은 부분이 엄지손가락 자리다.

2. 이제 **커넥터** 도구 상자에서 **소켓**을 가져와 손가락 관절의 볼–앤–소켓 결합을 만들어 보자(그림 2의 화살표가 소켓을 가리킨다). 나중에 사용할 볼하고 크기가 맞기 때문에 소켓의 크기는 조정하지 않는다.

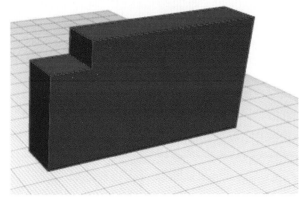

그림 1 상자를 2개 사용해 손바닥을 만드는데 낮은 부분이 엄지 자리가 된다.

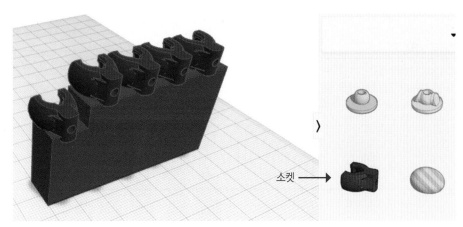

소켓 →

그림 2 손바닥 관절에 필요한 소켓을 더한다.

3. 볼-앤-소켓 결합(그림 3)의 볼을 만들기 위해 **커넥터** 도구 상자에서 **볼**을 가져와 손가락(첫 마디 뼈)을 만든다. '2'에서 만든 소켓과 크기가 맞기 때문에 볼의 크기를 조정하지 않는다.

4. 각 손가락 길이의 비례에 맞춰 **원기둥** 도구를 사용해 손가락을 만든다. 길이는 자신의 손가락에 맞춘다(그림 3).

5. '3'과 '4'를 반복해서 그림 4에서처럼 나머지 손가락을 만든다. 그림 4에서 보이듯 각 손가락 끝에 관절을 붙인다('2' 참조). 이 첫 마디 뼈가 그림 2의 손바닥 관절에 붙게 된다.

6. 2~4 단계를 반복해서 볼과 원기둥으로 중간 마디 뼈를 완성한다(그림 5, #1).

7. **포물면** 도구를 사용해서 그림 5의 화살표 2가 나타내는 손가락 끝을 붙인다. 나머지 손가락에도 포물면을 붙인다.

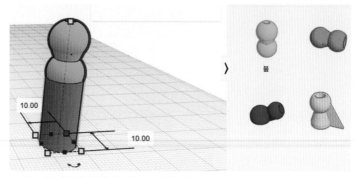

그림 3 원기둥에 볼을 붙여 손가락을 만든다.

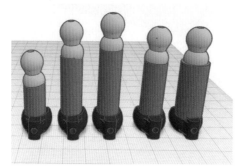

그림 4 첫 마디 뼈에 소켓을 붙여 관절을 만든다.

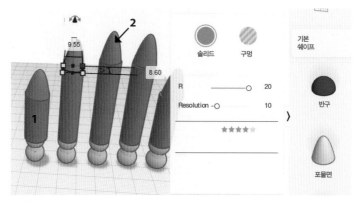

그림 5 중간 마디 뼈 끝에 포물면을 붙인다.

3D 프린팅 체크리스트

디자인을 프린트하기 전

- 9페이지의 3D 프린트 기본 요령을 숙지한다.

- 손을 프린트한다.

- 프린트한 다음, 줄로 거친 부분을 정리한다.

품질 관리와 테스트

- 소켓에 볼을 집어넣어 관절을 조립한다.

- 손가락이 잘 구부러지는지 테스트한다.

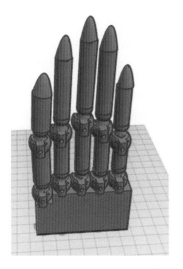

그림 6 손바닥과 손가락을 조립해서 완성한 모습

도전! 디자인 바꾸기

손가락 끝 마디 뼈도 볼-앤-소켓 결합으로 만들 수 있나요?

숨어 있는 과학 이야기

사람의 손가락에는 14개의 뼈와 14개의 관절이 있습니다. 관절 덕에 구부리고 펴는 게 가능하며, 돌리거나 좌우로 흔들 수도 있습니다. 손의 회전운동은 주로 손목이 담당합니다. 인간은 마주보는 엄지를 가지고 있는데, 이 덕에 유리잔을 잡을 수 있고, 글을 쓰고, 기어오르고, 움켜쥐는 등 다양한 동작을 할 수 있습니다. 마주보는 엄지는 다른 영장류에서도 찾아볼 수 있습니다. 어떤 동물들은 마주보는 엄지발가락을 가지고 있습니다.

생각해 보기

다음 질문에 대한 답을 생각해 봅시다. 여러분이 생각한 대로 수정하고 프린트하여 답이 맞는지 확인해 보세요.

실험 15에서 만든 볼-앤-소켓을 사용하면 손가락이 어떻게 움직일 것 같나요?

신체 모델링:
사람 팔

여기서는 인간의 신체 부위 중 팔을 디자인하면서 그동안 배운 기술을 확장해 보겠습니다. 두 갈래로 나눠진 아래팔뼈를 하나로, 손도 관절 없이 이어지게 디자인해서 단순하게 만들어 봅시다.

디자인 노트

원하는 디자인으로 만드는 데 다음이 필요하다.

어깨 관절
위팔
팔꿈치
아래팔(하나의 뼈로 만듦)
손목 관절
손(관절 없이 하나로 만듦)

디자인 과정

1. 어깨 관절을 만든다. 어깨 관절은 실험 15(80페이지)에서 만든 볼−앤−소켓 결합을 사용한다. 그림 1에서 보듯이 소켓의 안쪽 지름은 23mm이고 볼의 지름은 22mm이다.

2. 위팔은 한쪽이 점점 가늘어지는 관 형태로 만든다. 쉐이프 생성기에서 **튜브(High Resolution Tube)**를 가져와 사용한다. 자세한 그림과 수치는 그림 2와 화살표 1을 참조한다.

3. 팔꿈치 관절은 '1'에서 사용한 것과 같은 볼−앤−소켓 결합을 사용한다. 그림 1에 있는 위팔에 쓰인 연결을 복사해서 사이즈만 작게 만든다. 팔꿈치 관절 소켓의 안쪽 지름은 18mm, 볼의 지름은 17mm로 한다.

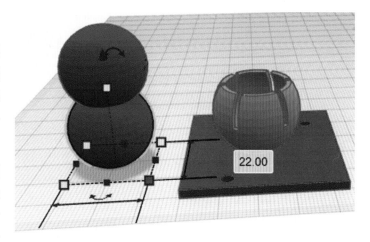

그림 1 볼−앤−소켓 연결로 어깨 관절을 만든다.

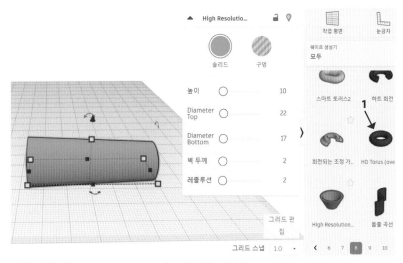

그림 2 튜브(High resolution tube)로 위팔을 만든다.

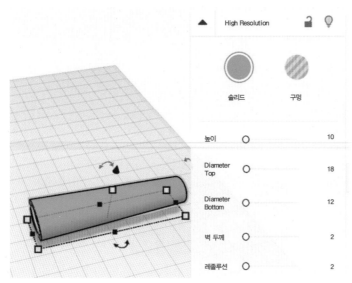

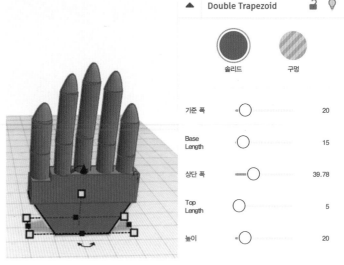

	High Resolution	🔓 💡
솔리드		구멍
높이	○	10
Diameter Top	○	18
Diameter Bottom	○	12
벽 두께	○	2
레졸루션	○	2

	Double Trapezoid	🔓 💡
솔리드		구멍
기준 폭	○	20
Base Length	○	15
상단 폭	─○	39.78
Top Length	○	5
높이	○	20

그림 3 위팔을 복사한 후 크기를 조정해서 아래팔을 만든다.

그림 4 관절이 없는 손을 만든다.

4. 아래팔은 위팔을 만들 때 사용한 튜브로 만든다(그림 3). 더 넓은 쪽 끝부분의 치수는 팔꿈치 관절의 볼 크기와 같아야 한다.

5. 손목도 볼-앤-소켓 결합으로 만들 수 있다. 소켓의 크기는 아래팔의 좁은 끝부분의 크기와 같아야 한다.

6. 손은 손목 관절을 이용해서 손목에 연결한다. 그림 4의 손은 실험 18(94페이지)에서 만든 손을 따라 만들었지만, 손가락 관절 없이 전체가 연결되어 있다.

7. 프린트를 하려면 몇 가지를 재배치해야한다. 각 관절의 소켓은 위쪽을 향하도록 하고, 볼은 팔이 이어지는 순서에 따라 위치시킨다. 그림 5를 참조한다.

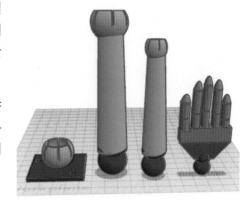

그림 5 3D 프린팅 배치 모습

3D 프린팅 체크리스트

디자인을 프린트하기 전

- 9페이지의 3D 프린트 기본 요령을 숙지한다.

- 팔을 프린트한다.

- 프린트한 다음, 줄로 거친 부분을 정리한다. 지지대를 제거한다.

품질 관리와 테스트

- 모든 부분을 조립한다(그림 6). 움직이는 범위를 테스트한다.

생각해 보기

다음 질문에 대한 답을 생각해 봅시다. 여러분이 생각한 대로 수정하고 프린트하여 답이 맞는지 확인해 보세요.

실험 18에서 손가락 관절을 만든 볼−앤−소켓 결합을 어떻게 변형하면 어깨 관절을 만들 수 있을까요?

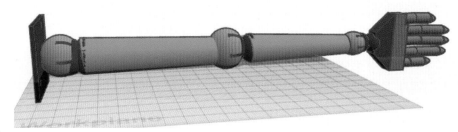

그림 6 관절을 연결해서 완성한 팔의 CAD 이미지

도전! 디자인 바꾸기

팔꿈치 관절이 180°까지만 움직이게 만들어서, 진짜 사람 팔꿈치와 비슷하게 만들 수 있나요?

숨어 있는 과학 이야기

사람의 팔은 어깨, 팔꿈치, 손목으로 이어지는 관절을 사용해서 회전 운동뿐 아니라 직선 운동도 쉽게 할 수 있습니다.

팔은 문화권에 따라 여러 가지 의미로 해석됩니다. 힌두교에서 어떤 신들은 팔을 여러 개 가지고 있는데, 이것은 전능함을 나타냅니다. 어깨 위로 두 팔을 올리는 것은 항복을 의미하고, 출석을 부를 때는 한 팔을 높이 들어 대답합니다. 교통 정리에서 수신호는 중요한 역할을 합니다.

기타 줄이 있는 미니 기타

여기서는 다양한 재료가 같은 물건에서 어떻게 다른 소리를 내는지 실험해 보겠습니다. 작은 기타에 여러 가지 소재의 기타 줄을 사용해서 다양한 소리를 들어 봅시다.

디자인 노트

원하는 디자인으로 만드는 데 다음이 필요하다.

몸통
소리 구멍
프렛과 헤드가 달린 목
브릿지
줄이 지나가는 홈
줄(프린트로 만들지 않음)

디자인 과정

몸통 만들기

1. 기타의 몸통은 특이한 모양이라 기본 모양을 조합해서 만들기 힘들다. 여기서는 **기본 도형**에서 **스크리블(Scribble)** 도구를 사용해서 기타 몸통을 만들어 보겠다. 그림 1처럼 **스크리블** 도구로 3D 기타 몸통을 대충 그린다. 화살표 1은 사용할 그리기 도구를 가리킨다.

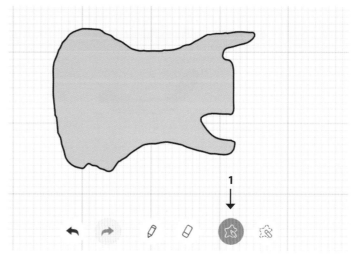

그림 1 스크리블 도구로 기타 몸통을 만든다.

2. '1'에서 만든 몸통은 거칠어 보인다. 그림 2처럼 **지우기** 도구를 사용하면 외곽선을 부드럽게 정리할 수 있다. 화살표 1은 **지우기** 도구를 가리키고, 화살표 2는 어떻게 기타 몸통의 외곽을 부드럽게 만드는지 보여 준다. **완료** 버튼을 눌러서 수정을 끝낸다. 그림 3은 몸통을 다듬은 후의 3D 기타 모습이다. 원하는 모양이 나올 때까지 수정을 반복한다. 그림 4는 처음 수정했을 때와 최종 기타 몸통을 비교해 놓은 것이다.

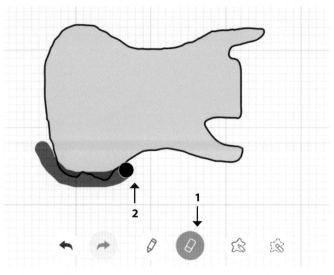

그림 2 지우기 도구로 울퉁불퉁한 부분을 부드럽게 만든다.

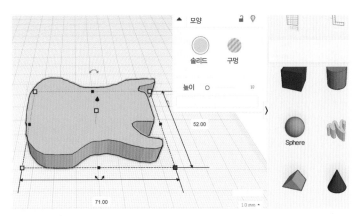

그림 3 처음 다듬었을 때의 모습

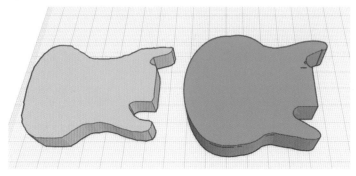

그림 4 처음 다듬었을 때와 마지막 완성 모습을 비교한 것

3. 소리 구멍은 기타 몸통의 윗면 중앙에 원기둥 구멍을 넣어 만든다. 기타 바닥에서 2mm 띄운 곳에 원기둥 구멍을 놓는다. 그림 5에서 소리 구멍의 치수와 위치를 확인한다. 원기둥 구멍과 기타 몸통을 그룹화한다.

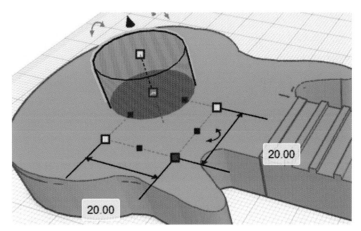

그림 5 기타 몸통에 소리 구멍을 만든다.

4. 지금 기타 몸통은 가운에 구멍만 있고 속이 차 있는 형태인데, 소리의 질을 높이려면 속이 비어 있어야 한다. 여기서는 **쉐이프 생성기**의 **모두** 도구상자에서 **파인애플을** 사용해 보겠다. 파인애플 모양을 구멍으로 바꾸면 기타 속을 파내기 쉽고 오버행을 최소화해서 프린트하기 좋다. 그림 6은 기타 몸통을 투명하게 만들어서 안에 있는 파인애플 구멍을 잘 보여 준다. 소리 구멍 부분만 제외하고 기타 몸통의 윗면과 아랫면이 되도록 2mm 두께를 유지하도록 한다.

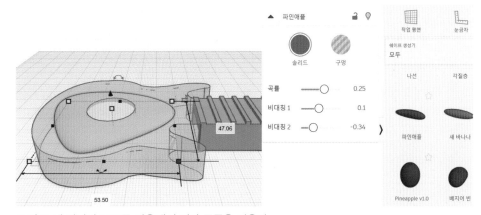

그림 6 새 바나나 도구를 사용해서 기타 몸통을 비운다.

5. 프렛과 헤드가 달린 목은 기본 도형을 조합해서 만들 수 있다. 프렛의 두께는 2mm 이하여야 한다(그림 7 참조).

6. 브릿지는 기타 몸통 위로 줄을 얹어서 맑은 소리를 낼 수 있게 해 준다. 브릿지는 기본 상자 모양(그림 8)을 가지고 만든다. 기타의 헤드에 달린 브릿지와 이 브릿지(그림 8, 화살표 1)가 일직선이 되도록 배치한다.

7. 줄이 지나가는 홈은 기타 줄을 고정하는 기타의 뒷면으로 줄이 지나가게 해준다. 그림 8의 화살표 2가 가리키는 기타 몸통 옆면의 홈과 그림 9의 기타 몸통 뒷면의 홈을 참조하자. 기타 윗면의 소리 구멍을 제외하고 기타 몸통 두께를 2mm로 유지한다.

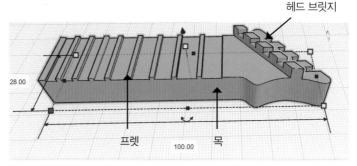

그림 7 기본 모양을 가지고 기타의 목, 프렛, 헤드를 만든다.

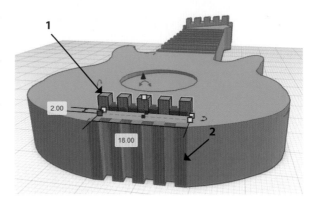

그림 8 상자를 이용해 브릿지와 기타 줄이 지나는 홈을 만든다.

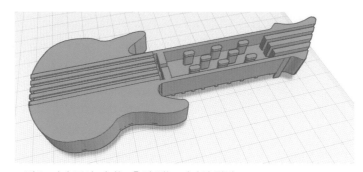

그림 9 기타 줄이 지나는 홈이 있는 기타의 뒷면

3D 프린팅 체크리스트

디자인을 프린트하기 전

■ 9페이지의 3D 프린트 기본 요령을 숙지한다.

■ 기타를 프린트한다.

■ 프린트한 다음, 줄로 거친 부분을 정리한다. 지지대를 제거한다.

품질 관리와 테스트

■ 고무줄을 기타에 걸어서 기타를 완성한다(그림 9). 그리고 낚싯줄로도 소리를 테스트해 본다. 그 외에 끈, 진짜 기타 줄, 구리 선 등을 걸어 비교해 보자. 차이점을 기록한다.

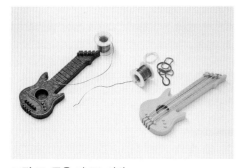

그림 10 줄을 단 3D 기타

도전! 디자인 바꾸기

음량을 높이려면 소리 구멍을 어떻게 바꿔야 할까요?

숨어 있는 과학 이야기

기타는 일반적으로 현악기로 분류됩니다. 현악기는 줄을 치면 떨면서 소리를 냅니다. 떨림은 소리 구멍을 통해 증폭됩니다. 기타 소리의 크기는 기타 속 공간의 크기보다 소리 구멍의 지름에 영향을 더 받습니다. 소리 구멍이 커질수록 기타 소리는 커집니다.

생각해 보기

다음 질문에 대한 답을 생각해 봅시다. 여러분이 생각한 대로 수정하고 프린트하여 답이 맞는지 확인해 보세요.

기타 속을 팔 때 기본 도형 대신에 파인애플을 사용한 이유는 무엇일까요?

역공학

아주 잘 만들어진 물건을 만나면 따라 만들어 볼 때가 있습니다. 하지만 내부 구조가 안 보여서, 한눈에 그 설계를 알 수 없습니다.

이런 경우, 제조 공정을 거꾸로 돌려 봐야 합니다. 분해하고, 측정하고, 그려보고, 그 다음 CAD로 디자인합니다. 이 과정을 역공학이라고 합니다. 일반적으로 역공학하려는 물건의 부품이 15개 이하이면 좋습니다. 여기서는 7개의 부품으로 이루어진 똑딱이 볼펜을 만들어 보겠습니다. 볼펜심은 리필용 제품을 사용합니다.

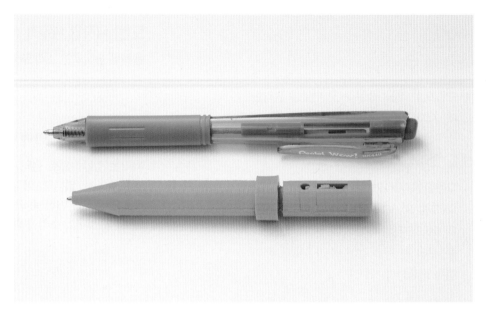

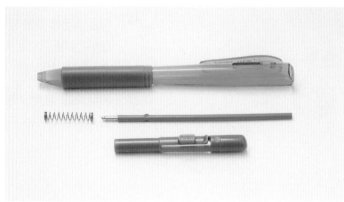

그림 1 일반 볼펜과 3D 볼펜의 조립된 모습과 일반 볼펜의 분해된 모습

디자인 노트

똑딱이 볼펜을 만들기 위해서는 다음이 필요하다.

몸통 케이스
머리 케이스
리필용 볼펜심과 스프링(따로 구매)
안쪽 튜브
누름 버튼(구동장치)
버튼과 볼펜심 연결부
몸통과 머리 연결부(나사)
클립(선택 사항)

분해한 볼펜의 부품을 참고하여 모양을 그려 보자. 가능하면 기본 도형(직육면체, 원기둥 등)을 조합하여 만들 수 있도록 모양을 정리하자.

디자인 과정

몸통 케이스 만들기

1. 역공학의 첫 과정은 물건을 분해하는 것이다. 그림 1처럼 볼펜을 분해한 다음, 각 부품의 치수를 측정한다.

2. 여기서는 3D 기본 도형을 활용해서 디자인을 해 보겠다. 볼펜의 몸통 케이스는 한쪽 끝이 뿔 모양인 속이 빈 원기둥으로 생각할 수 있다. 그래서 속이 빈 **원기둥**(그림 2, 화살표 1)에 속이 빈 원뿔을 합쳐서 그린다(그림 2, 화살표 2). 원뿔은 볼펜심이 나올 수 있도록 끝부분을 자른다. 원뿔 끝부분의 구멍 지름은 2.5mm(본인이 구매한 볼펜심의 지름보다 약간 크게)로 한다(튜브와 High Resolution Tube를 합쳐서 그릴 수도 있다). 몸통 케이스의 전체 길이는 76mm로 하는데, 볼펜심에 따라 달라질 수 있다.

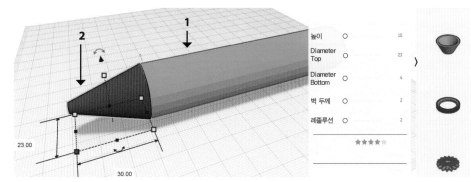

그림 2 원기둥과 끝부분을 자른 원뿔을 합쳐 볼펜 몸통 케이스를 만든다.

머리 케이스 만들기

3. 머리 부분은 한쪽 끝이 열린 속이 빈 **원기둥**으로 만들 수 있다. 원기둥의 지름은 몸통 케이스 원기둥(그림 3)의 지름과 같아야 한다. 그림 3의 화살표 1에서 보듯이 머리 부분에는 버튼에 필요한 두 개의 구멍이 있다. 머리 케이스의 길이는 32mm이다.

4. 버튼은 사용자와 볼펜 사이에 상호 작용하는 접점이다. 위를 누르면 볼펜심이 밖으로 나오고, 버튼을 누르면 볼펜심이 안으로 들어간다.

5. 버튼은 머리 케이스 안으로 들어가는 튜브 옆면에 있다. 안쪽 튜브의 지름은 머리 케이스 내부 지름보다 1mm 작고, 길이는 약 25mm이다. 이제 5mm 간격으로 두 개의 홈을 만든다. 그러면 두 홈 사이에 가느다란 줄이 생기는데, 이것을 버튼 스트립이라고 한다. 그림 4의 화살표 1이 홈을 가리키고, 화살표 2는 버튼 스트립을 가리킨다. 안쪽 튜브의 길이는 머리 케이스보다 약 5mm 정도 작다.

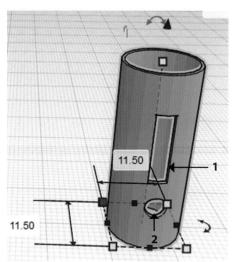

그림 3 긴 홈과 동그라미를 뚫어 머리 케이스를 완성한다.

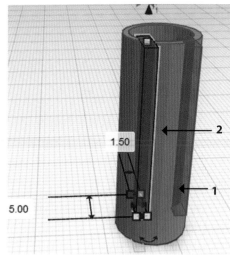

그림 4 안쪽 튜브에 홈과 버튼 스트립을 만든다.

6. 다음으로, 버튼 스트립에 걸쇠와 버튼을 추가한다. 버튼 크기는 2×2mm이다. 걸쇠는 구 모양이고 지름은 2mm이다. 버튼과 걸쇠의 크기는 머리 케이스에 있는 구멍보다 작아야 한다. 그림 5의 화살표 1이 걸쇠를, 화살표 2가 버튼이다.

7. 버튼 스트립은 버튼을 눌렀다 뗐을 때 복원력이 있어야 한다. 이것을 구현하기 위해서 버튼 스트립을 잘라 낸 다음 **S벽** 도구(스프링을 흉내 낸 것)를 붙이면 된다. 안쪽 튜브 아래에 높이 5mm의 솔리드 원기둥을 붙인다. **S벽**의 한쪽 끝은 안쪽 튜브의 아랫면에 연결하고 반대쪽 끝은 버튼 스트립에 연결한다. 버튼과 머리 케이스의 구멍이 잘 맞도록 **S벽**과 스트립의 높이를 조절한다. 그림 6처럼 안쪽 튜브를 투명하게 만들면 **S벽** 도구를 쉽게 볼 수 있다. 화살표 1은 도구가 어디에 있는지를, 화살표 2는 디자인 안에서 도구의 위치와 방향을 보여 준다.

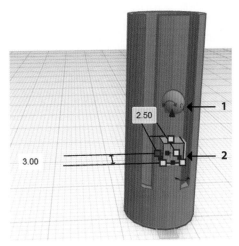

그림 5 버튼 스트립에 버튼과 걸쇠를 추가한다.

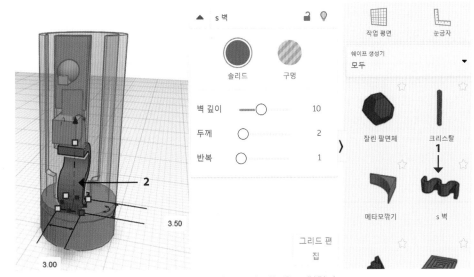

그림 6 S벽을 사용하여 버튼 스트립에 필요한 스프링 기능을 구현한다.

머리 케이스와 몸통 케이스의 연결 장치 만들기

8. 머리 케이스를 몸통 케이스에 고정하는 데는 나사를 사용한다. 쉐이프 생성기의 추천 메뉴에서 **ISO 미터법 스레드** 도구로 머리 케이스에 볼트를 만든 다음, 가운데 를 뚫어 볼펜심이 지나가는 길을 만든다. **구멍**의 지름은 3.5mm(구매한 볼펜심에 따라 다르다)로 한다. 그림 7에서 투명하 게 만든 머리 부분을 보면 **ISO 미터법 스 레드**와 가운데 구멍이 잘 보인다.

9. 이제 몸통 케이스에 볼트를 끼울 너트를 만들어야 한다. 너트를 만들려면 몸통의 지름보다 약간 큰 원기둥에 구멍(ISO 미 터법 스레드 모양의 구멍)을 만들면 된 다. 이 구멍의 지름은 볼트의 지름보다 0.5mm 정도 커야 부드럽게 맞는다. 그림 8의 화살표 1은 너트를 만드는 과정을 보 여 주고, 화살표 2는 너트를 몸통 케이스 에 붙인 것을 보여 준다.

그림 7 머리 케이스에 볼트를 만들고 구멍을 뚫는다.

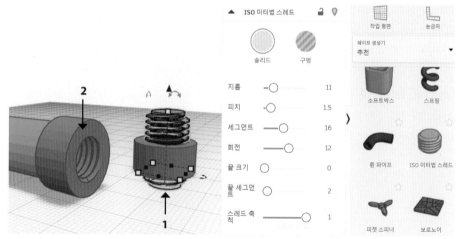

그림 8 몸통 케이스에 너트를 붙인다.

3D 프린팅 체크리스트

디자인을 프린트하기 전

- 9페이지의 3D 프린트 기본 요령을 숙지한다.

- 볼펜을 프린트한다.

- 프린트한 다음, 줄로 거친 부분을 정리한다.

품질 관리와 테스트

- 안쪽 튜브를 머리 케이스에 넣어 조립한 다음, 스프링을 끼운 볼펜심을 넣은 몸통 케이스에 고정한다.

- 머리와 몸통을 돌려서 잠근다.

- **온/오프** 버튼을 눌러 볼펜심이 잘 들어가고 나오는지 확인한다. 그림 9의 분해도에서 조립 순서를 확인한다.

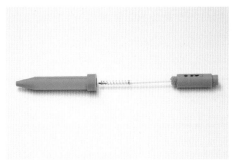

그림 9 3D 볼펜의 조립 순서

도전! 디자인 바꾸기

볼펜을 셔츠 주머니에 꽂을 수 있게 볼펜 클립을 만들어 보세요.

숨어 있는 과학 이야기

똑딱이 볼펜은 50여 년 전에 발명되었습니다. 요즘 많이 쓰는 똑딱이 볼펜은 원리가 약간 다릅니다. 이 볼펜은 직선 운동을 회전 운동으로 바꿔 주는 캠 장치를 사용합니다. 이것 또한 역공학으로 디자인할 수 있습니다.

생각해 보기

다음 질문에 대한 답을 생각해 봅시다. 여러분이 생각한 대로 수정하고 프린트하여 답이 맞는지 확인해 보세요.

'6'에서 버튼과 걸쇠의 위치를 바꾸면 어떻게 될까요?

싱기버스:
3D 모델을 다운로드하자

앞 실험에서 똑딱이 볼펜을 역공학해 봤습니다. 디자인할 부품이 많고 버튼 장치를 만드는 것도 약간 어려웠습니다. 이럴 때 다른 사람이 우리가 필요한 디자인을 이미 만들어 놓았다면 얼마나 좋을까요? 우리는 실험 17에서 주먹장 결합을 이용해 딱 맞아 떨어지는 3D 퍼즐을 만들어 봤습니다. 그런 정교한 디자인을 제공하는 웹사이트가 몇 곳 있는데, '싱기버스'가 대표적입니다.

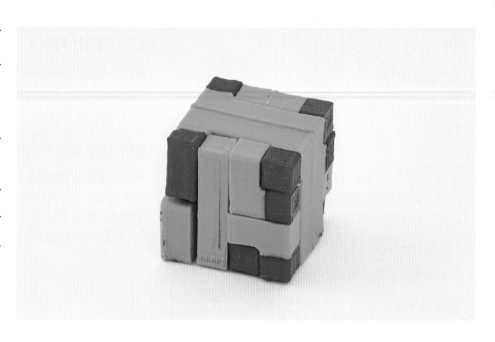

 디자인 노트

싱기버스 같은 사이트에서 남이 디자인해 놓은 파일을 합법적으로 사용하는 방법

1. 원하는 디자인을 검색한다.
2. 자신의 컴퓨터에 다운로드한다.
3. 틴커캐드에 파일을 업로드한다.
4. 원하는 사양대로 틴커캐드에서 편집한다.
5. 편집한 파일을 프린트한다.

이 실험에서는 3D 퍼즐을 만드는 데 싱기버스에 있는 디자인을 활용해 보겠다.

디자인 과정

1. 싱기버스에 접속한다.
   http://www.Thingiverse.com

2. 싱기버스 웹사이트에서 '3D Puzzle'을 검색한다.

3. 원하는 디자인을 선택한 다음, 파일을 클릭해서 다운로드한다. 여기서는 'Printable Interlocking Puzzle #2'을 선택했다. 다운로드하기 전에 원하는 디자인이 맞는지 전체적으로 훑어 보도록 한다.

4. 틴커캐드를 열고 **새 디자인 작성**을 누르면 빈 작업 평면이 생긴다. 화살표 1이 가리키는 **가져오기 버튼**을 눌러 원하는 디자인을 작업 평면으로 가져온다. 필요하다면 다른 모델도 불러온다.

5. 불러온 디자인을 원하는 대로 편집한다. 여기서는 퍼즐을 원래 크기의 반으로 줄였다(그림 2).

그림 1 틴커캐드로 파일을 불러온다.

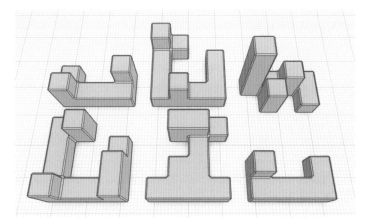

그림 2 퍼즐을 원래 크기의 반으로 줄인다.

3D 모델 장터

싱기버스 외에도 디자인을 사고팔 수 있는 온라인 3D 장터가 있다. 어떤 3D 장터는 디자인 소프트웨어, 온라인 커뮤니티, 무료 다운로드 파일 등을 제공하기도 한다.

다음에 3D 온라인 장터의 리스트가 있다.

3DExport

Clara.io

CGTrader

MyMiniFactory

Pinshape

Sculpteo

Shapeways

Turbosquid

Yeggi

원하는 사이트에 회원가입을 하고, 서비스를 구독하거나 제품을 구입할 때는 부모님의 허락을 꼭 받는다.

3D 프린팅 체크리스트

디자인을 프린트하기 전

- 9페이지의 3D 프린트 기본 요령을 숙지한다.

- 퍼즐을 프린트한다.

- 프린트한 다음, 줄로 거친 부분을 정리한다. 지지대를 제거한다.

품질 관리와 테스트

- 퍼즐이 잘 맞는지 조립해 본다.

도전! 디자인 바꾸기

조립 순서가 자유로운 3D 퍼즐을 찾아보세요.

주의 사항

다른 디자이너의 작품을 사용하는 것은 자신의 디자인 기량을 쌓는 데 효과적입니다. 이럴 때 원래 디자인의 제작자를 명시하는 것이 예의입니다. 어떤 디자인은 유료든 무료든 다운로드할 수 없는 것도 있습니다.

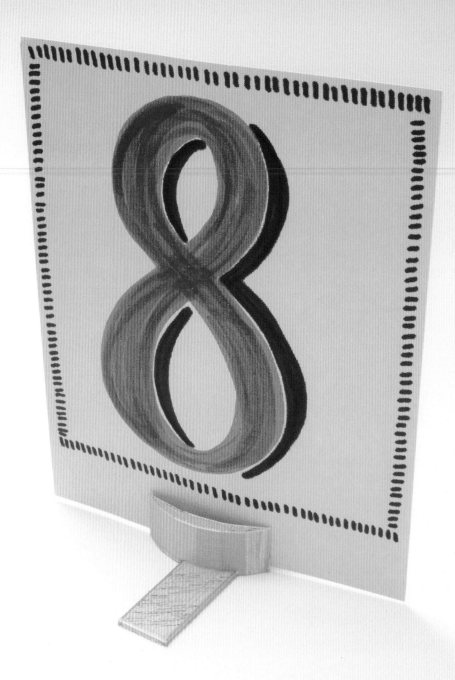

스케치업으로
3D 프로젝트 만들기

이 단원에서는 3D 객체를 디자인하는데, 무료이면서 사용하기도 쉬운 스케치업을 배워 보겠습니다. 스케치업에서 제공하는 기본 도형을 활용하면 물건을 디자인하고 만드는 기술을 발전시키는 데 도움이 될 것입니다. 여기서는 이제껏 실험에서 배운 것을 기본으로 틴커캐드에서 디자인한 것과 비슷하면서도, 조금씩 복잡해지는 몇 가지 물건을 만들어 보겠습니다. 자 이제 시작해 봅시다!

스케치업 시작하기

스케치업은 기본으로 제공되는 2D 도형과 모양을 활용해서 3D 모델을 만드는 컴퓨터 이용 설계(CAD) 소프트웨어입니다. 스케치업은 유료 프로그램*이지만 학생용은 매우 저렴합니다. 스케치업을 설치하고 실행한 뒤, **스케치업 사용 시작** 버튼을 누르면 그림 1과 비슷한 화면이 뜹니다.

이 버튼을 누르기 전에 템플릿을 눌러서 치수 단위를 밀리미터(mm) 또는 인치(inch) 중에서 선택할 수 있습니다. 나중에라도 메뉴에서 창→모델 정보→단위를 선택하면 치수 단위를 변경할 수 있습니다. 디자인 화면에는 다음이 있습니다.

---

* 웹브라우저에서 실행되는 스케치업은 무료이다.

메뉴바에는 **파일, 편집, 보기, 그리기, 도구** 등 드롭-다운 메뉴가 여러 개 있습니다. 하나씩 클릭하면 서브메뉴가 보입니다. 예를 들어 **파일**은 디자인을 저장하거나 프린트하는 기능입니다. **편집**에는 중요한 **실행 취소** 기능이 있습니다.

도구모음은 메뉴바의 바로 아래에 있습니다. 여기에는 디자인할 때 필요한 다양한 아이콘이 있습니다. 마우스를 그 위에 갖다 대면 그 아이콘의 간단한 설명이 나타납니다. 그림 1은 **선택** 도구의 설명을 보여 줍니다.

가운데 작업 공간에는 3개의 축과 사람이 있으며, 모델링을 하는 주요 공간입니다. 사람을 삭제하려면 사람을 클릭하고 Del 키를 누르면 됩니다. 축은 모델링의 기준선과 방향을 나타내는데, 원하면 지울 수 있습니다.

오른쪽 트레이는 디자인 과정에 필요한 부가 옵션을 제공합니다. 트레이는 그림 2처럼 생겼습니다. **재질, 도우미, 요소 정보** 같은 드롭-다운 버튼을 누르면 자세한 내용을 볼 수 있습니다. 그중 도우미는 도구모음에 있는 도구들의 사용법을 시각적으로 자세하게 알려 줍니다.

상태바는 프로그램과 디자인에 사용하는 도구에 대한 여러 상태를 보여 줍니다. 또한 작업공간에서 만들고 있는 객체의 크기도 보여 줍니다. 그림 3(다음 페이지)의 상태바에는 직사각형의 크기가 있고 오른쪽 트레이에는 직사각형 도구의 도움말이 있습니다.

그림 1 스케치업 도구모음의 선택 도구

그림 2 스케치업의 트레이는 다양한 도구를 제공한다.

스케치업으로 3D 프로젝트 만들기 **121**

추론 스케치업에서는 어떤 도형의 크기나 위치를 다른 도형이나 축을 기준으로 쉽게 정할 수 있습니다. 스케치업은 사용자의 의도를 파악하여 추론한 결과를 말풍선으로 보여 줍니다. 그림 4의 원은 앞에 그린 정사각형의 끝점을 중심으로 삼아서 그렸습니다. 이 원을 정사각형의 중간점에 맞추어서 그릴 수도 있습니다(그림 5). 물론 가장자리(그림 6)나 면(그림 7)에 맞추어 그릴 수도 있습니다.

스케치업에서 STL 파일 내보내기: 대부분의 3D 프린터는 STL 파일 포맷을 처리할 수 있습니다. 스케치업에서 STL 파일을 만들려면 확장 창고(Extension Warehouse)에서 플러그인을 다운로드해서 설치해야 합니다. 그림 8은 확장 창고를 여는 방법을 보여 줍니다.

오른쪽 버튼으로 드래그하여 시선을 바꾸는 틴커캐드와 달리, 스케치업은 도구모음의 궤도, 이동, 확대/축소 도구를 사용하여 시선과 배율을 바꿉니다. (또는 간편하게 마우스 가운데 버튼을 쓰면 됩니다.) 스케치업에는 CAD 기술을 향상시킬 수 있는 다른 도구와 팁들이 있습니다. 그중 몇몇을 이 단원에서 다루어 보겠습니다. 나머지는 스스로 공부하면서 배워 보기 바랍니다.

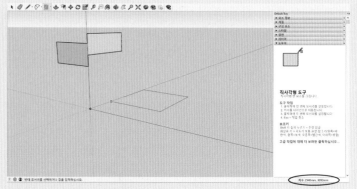

그림 3 상태바에 있는 도형의 치수

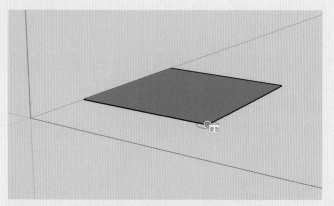

그림 4 기존 도형의 끝점을 기준으로 새 도형의 위치를 잡는다.

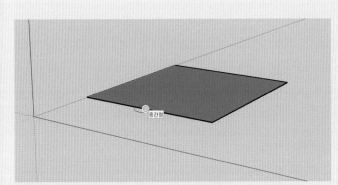

그림 5 기존 도형의 중간점을 기준으로 새 도형의 위치를 잡는다.

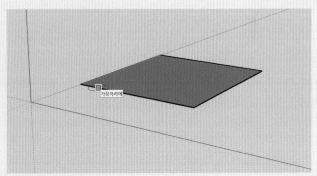

그림 6 기존 도형의 가장자리를 기준으로 새 도형의 위치를 잡는다.

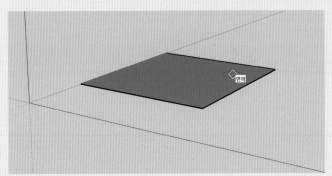

그림 7 기존 도형의 면을 기준으로 새 도형의 위치를 잡는다.

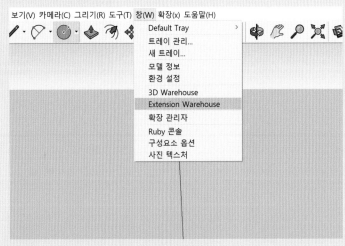

그림 8 스케치업에서 확장 창고를 여는 방법

기본 3D 도형

여기서는 스케치업으로 3D 도형을 만드는 법을 배워 보겠습니다. 미리 만들어진 3D 도형 도구상자가 있는 틴커캐드와 달리, 스케치업은 2D 도형의 도구상자를 제공합니다. 2D 도형을 밀어 내어(특정한 방향으로 늘려서) 3D 도형을 만들 수 있습니다.

디자인 과정

기본 도형 만들기/사각기둥과 원기둥

1. 화면의 맨 위에 있는 도구모음에서 **직사각형**을 선택한다. 커서를 클릭한 다음 드래그해서 작은 직사각형을 만든다(그림 1). 작업 공간 어디에나 그릴 수 있다.

2. 이제 **밀기/끌기** 도구를 선택한다(그림 2). 2D 직사각형(그림 2)의 윗면에 대고 원하는 높이(약 25mm)로 끌어올린다. 밀기/끌기 도구를 사용해서 자유롭게 높이를 조정한다. 치수를 정확하게 정하고 싶으면 숫자를 치고 엔터 키를 누른다.

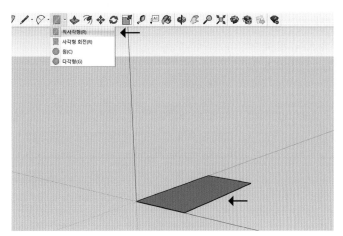

그림 1 메뉴를 선택해서 **직사각형**을 그린다.

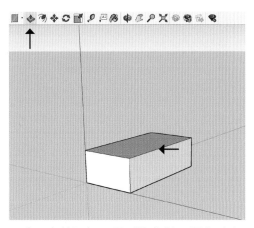

그림 2 밀기/끌기 도구를 이용해서 높이를 늘린다.

3. **줄자** 도구를 이용하면 3D 모형의 치수를 잴 수 있다(그림 3). 줄자 도구 옆에 있는 **텍스트** 도구는 그 부분의 치수를 라벨로 만들어 준다.

4. 이제 원기둥을 만들어 보자. '1'과 마찬가지로 도형에서 **원**을 선택한 뒤(그림 4) 작업 공간에 놓는다. 원의 외곽선은 축과 만나면 색이 변한다.

5. 2단계처럼 원을 끌어올려 원기둥을 만든다(그림 5).

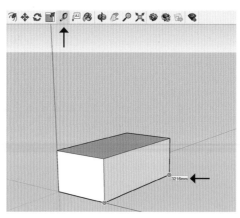

그림 3 줄자 도구로 도형의 치수를 잰다. 텍스트 도구로 라벨을 만든다.

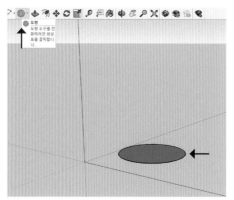

그림 4 원 도구로 작업 공간에 원을 그린다.

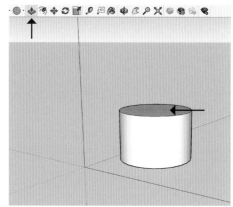

그림 5 원을 위로 끌어올려 원기둥을 만든다.

3D 프린팅 체크리스트

디자인을 프린트하기 전

- 9페이지의 3D 프린트 기본 요령을 숙지한다.

- 원기둥을 프린트한다.

- 프린트한 다음, 줄로 거친 부분을 정리한다.

품질 관리와 테스트

- 플라스틱 필라멘트가 층별로 잘 쌓였는지 프린트된 결과물을 점검한다.

생각해 보기

다음 질문에 대한 답을 생각해 봅시다. 여러분이 생각한 대로 수정하고 프린트하여 답이 맞는지 확인해 보세요.

틴커캐드와 스케치업의 디자인 과정에서 차이점은 무엇인가요?

어느 것이 배우기 쉬웠나요? 이유는 무엇인가요?

도전! 디자인 바꾸기

스케치업으로 오각기둥을 만들 수 있나요?

숨어 있는 과학 이야기

압출은 보편적인 금속 제조 공정 중 하나입니다. 두꺼운 금속판을 원하는 크기의 틀에 넣습니다. 이렇게 하면 두께가 얇아집니다. 이 과정을 목표로 하는 두께와 모양이 나올 때까지 반복합니다. 압출은 일정한 크기로 많은 양을 생산하는 캔 같은 금속 제품을 만드는 데 매우 효과적입니다. 스케치업에서는 밀기/끌기 도구로 압출을 하지만, 실제와 달리 처음 재료의 두께가 압출한다고 얇아지는 건 아니랍니다.

3D 객체에서 재료 떨어 내기

여기서는 스케치업으로 3D 도형에 구멍을 뚫어 보겠습니다. 구멍 도구를 제공하는 틴커캐드와 달리, 스케치업에서는 밀기/끌기 도구로 말 그대로 3D 도형 안으로 밀어 넣어야 합니다.

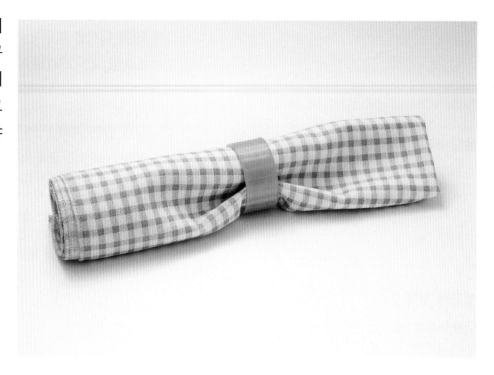

디자인 노트

스케치업에서 원기둥에 구멍을 밀어 넣어 냅킨 링을 만들어 보자.

디자인 과정

1. 실험 23(124페이지)과 유사한 방법으로 지름 약 5cm의 원기둥을 만든다. 그림 1의 화살표 1은 원 도구를 사용해서 그린 처음 **원**을, 화살표 2는 **밀기/끌기** 도구로 끌어 올린 원기둥을 보여 준다.

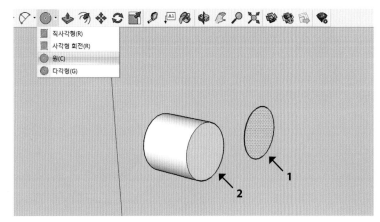

그림 1 원기둥을 만든다.

2. 이제 원기둥 앞면에 다른 원을 그린다. 두 번째 원의 크기는 원기둥보다 약간 작게 한다. 이 원이 냅킨 링의 구멍 크기이다. 그림 2의 화살표 1이 구멍을 나타내는 원이다. 화살표 2는 원기둥의 바닥까지 원기둥을 밀어 넣은 모습이다. 만약 밑면 가장자리에 맞춰 밀어 넣지 않으면 반대 방향에 또 다른 원기둥이 생긴다.

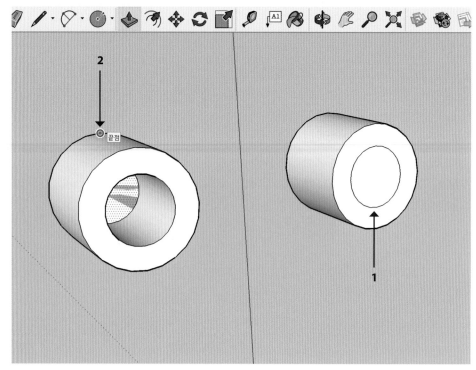

그림 2 스케치업에서 **밀기/끌기** 도구로 원 구멍 만들기

3D 프린팅 체크리스트

디자인을 프린트하기 전

- 9페이지의 3D 프린트 기본 요령을 숙지한다.

- 원기둥 바닥이 작업 평면에 닿아 있는지 확인한다.

- 객체가 서로 닿지 않게 조심한다. 3D로 만든 도형을 구성 요소로 만들지 않고 서로 겹치면 객체가 하나로 합쳐져서 수정이 불가능하다.

- 냅킨 링을 프린트한다.

- 프린트한 다음, 줄로 거친 부분을 정리한다.

품질 관리와 테스트

- 냅킨을 잘 잡고 있는지 확인한다.

생각해 보기

다음 질문에 대한 답을 생각해 봅시다. 여러분이 생각한 대로 수정하고 프린트하여 답이 맞는지 확인해 보세요.

구멍이 원기둥 바닥을 지나도록 밀어 넣으면 어떻게 될까요?

도전! 디자인 바꾸기

스케치업으로 사각기둥에 막힌 구멍(객체를 뚫고 나가지 않는 구멍)을 만들 수 있나요?

문화 이야기

냅킨 링은 접은 냅킨을 끼우는 용도로 사용합니다. 초창기 냅킨은 식탁보의 1/3 크기였기 때문에 접어 놓아야 했습니다. 냅킨의 크기가 훨씬 작아진 요즘, 냅킨 링은 거의 장식용으로 사용합니다. 냅킨은 점점 정교한 모양과 디자인으로 접게 됐지만, 뾰족한 끝부분이 왕을 향하게 접지 않았습니다. 그것은 암살을 의미하기 때문입니다.

재료 덜어 내고 기본 도형과 합치기

여기서는 스케치업에서 배운 기본 도형 만들기를 확장해 좀 더 복잡한 메뉴 홀더를 만들어 보겠습니다. 레스토랑에서는 종종 한 장의 종이에 특별 메뉴를 써 놓습니다. 메뉴 홀더는 종이를 잘 잡고 있으면서 넘어지면 안 됩니다. 종이를 접거나 곡선 형태로 만들면 튼튼해져서 종이가 넘어지지 않습니다.

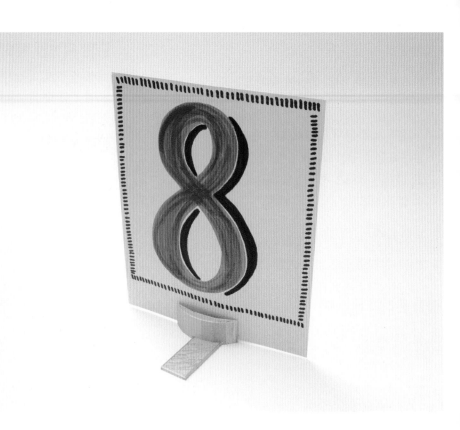

디자인 노트

기본적인 메뉴 홀더를 만드는 데는 다음이 필요하다.

받침
곡선 벽(메뉴를 잡는 용도)

디자인 과정

1. 메뉴 홀더의 받침은 두께 2mm 정도의 기다란 직사각형만 있으면 된다. 길이는 50mm 이상으로 한다(그림 1).

2. 곡선 벽을 디자인하는 데는 실험 23(124 페이지)의 원기둥 만들기를 활용한다. 아래의 원기둥을 거의 덮을 정도의 크기로 원을 만든다(그림 2).

3. **밀기/끌기** 도구로 겹친 원을 처음 원기둥과 똑 같은 두께의 원기둥으로 만든다(그림 3).

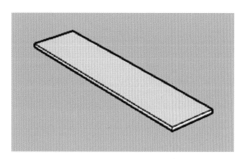

그림 1 얇은 직사각형으로 메뉴 홀더의 받침을 만든다.

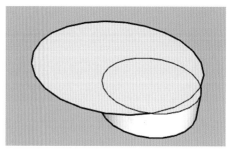

그림 2 원기둥을 만든 다음 다른 원을 겹쳐 그린다.

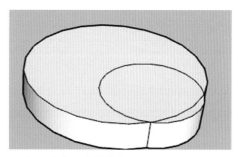

그림 3 겹쳐 그린 원을 원기둥으로 만든다.

4. **지우기** 도구로 메뉴 홀더의 벽으로 쓸 부분만 남기고 모두 지운다(그림 4).

5. **편집**의 **복사−붙여 넣기** 도구로 벽을 복사한다. 복사한 것을 원래 벽에서 2mm 띄워 놓는다. 그림 5처럼 나란히 놓는다.

6. 받침과 합쳐서 메뉴 홀더를 완성한다(그림 6).

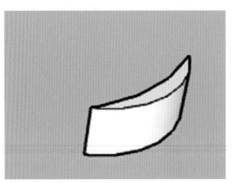

그림 4 메뉴 홀더의 벽으로 쓸 초승달 모양만 남기고 모두 지운다.

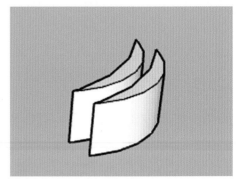

그림 5 벽을 복사해서 두 개를 나란히 놓는다.

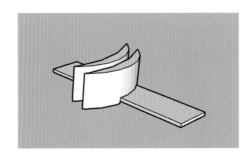

그림 6 벽을 받침과 합친다.

3D 프린팅 체크리스트

디자인을 프린트하기 전

- 9페이지의 3D 프린트 기본 요령을 숙지한다.

- 받침의 바닥이 작업 평면에 닿아 있는지 확인한다.

- 객체가 서로 닿지 않게 조심한다.

- 메뉴 홀더를 프린트한다.

- 프린트한 다음, 줄로 거친 부분을 정리한다.

품질 관리와 테스트

- 메뉴 홀더의 종이가 넘어지지 않고 잘 서 있는지 테스트한다.

생각해 보기

다음 질문에 대한 답을 생각해 봅시다. 여러분이 생각한 대로 수정하고 프린트하여 답이 맞는지 확인해 보세요.

종이의 길이에 상관없이 넘어지지 않고 서 있을 수 있을까요? 왜 그렇게 생각하나요?

도전! 디자인 바꾸기

곧은 벽으로 메뉴 홀더를 만들 수 있나요?

숨어 있는 과학 이야기

재료의 구조적 강도를 높이는 비결은 구부리는 것입니다. 메뉴 종이를 휘게 하면 구조적 강도를 높일 수 있고, 이로 인해 종이가 잘 서 있습니다. 종이의 강도를 높이는 또 다른 방법은 종이를 아코디언 모양으로 접는 것입니다. 주름으로 생긴 삼각형 덕에 강도는 높아지지만, 적어 놓은 메뉴가 잘 안 보일 수도 있습니다.

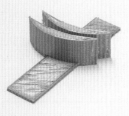

뒷날개가 달린 스포츠카

날개는 날개 양면의 공기 흐름을 바꿔 놓습니다. 비행기는 날개의 각도 때문에 뜨는 힘을 얻어서 날 수 있습니다. 하지만 자동차는 반대입니다. 속도가 엄청 빨라지더라도 차는 뜨지 않고 땅에 닿아 있어야 합니다. 자동차에 날개를 만들어서 아래로 향하는 압력을 더해 보겠습니다. 차에 달린 날개를 '스포일러'라고도 합니다.

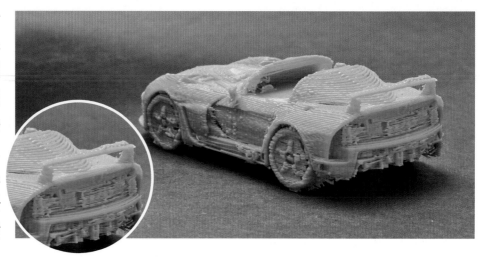

디자인 과정

1. 스케치업의 **3D 창고(3D Warehouse)**에서 멋있는 스포츠카를 찾는다. 모델을 작업 평면으로 불러온다(그림 1).

2. **선** 도구를 사용해서 뒷날개 받침대를 그린다(그림 2).

그림 1 3D 창고에서 원하는 디자인의 차를 찾는다.

3. **선**으로 그린 받침대를 원하는 두께로 밀
   어 내서 완성한 다음, 복사한다. 복사한
   것을 차 크기에 맞게 간격을 벌려 놓는다
   (그림 3).

4. **직사각형** 도구로 두 받침대 윗부분에 연
   결할 날개를 그린다. 직사각형을 적당한
   두께로 밀어 낸다(그림 4).

5. 그림 5처럼 차의 뒷부분에 받침대와 날개
   를 올린다.

6. 선택 사항: 날개가 차를 다운포스하는 데
   도움이 되는지 테스트한다. STL 파일을
   복사해서 다운로드한 다음, 디자인을 따
   라 유속이나 공기의 흐름을 모의 실험하
   는 오토데스크의 유체 역학 시뮬레이션
   소프트웨어로 실행해 자동차 위로 공기
   를 흘려보낸다. 날개가 어떻게 흐름을 바
   꾸는지 관찰한다. 파란색 줄무늬를 살펴
   본다. 이것은 그 부분의 공기 흐름이 느려
   진 것을 말한다. 다운포스를 올리기 위해
   선 날개 윗부분의 공기가 느려져야 한다
   (그림 6).

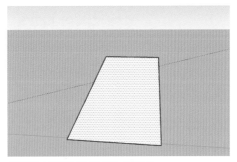

그림 2 날개의 받침대를 그린다.

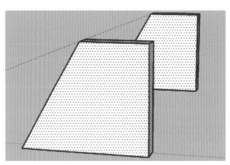

그림 3 받침대를 원하는 두께로 밀어 낸다.

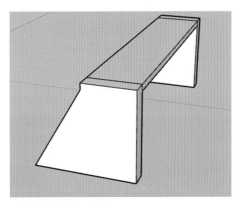

그림 4 날개를 그린다.

그림 5 날개와 받침대를 차로 가져와 합친다.

그림 6 차와 뒷날개의 공기 흐름 모의실험

3D 프린팅 체크리스트

디자인을 프린트하기 전

- 9페이지의 3D 프린트 기본 요령을 숙지한다.

- 날개 달린 차를 프린트한다.

- 프린트한 다음, 줄로 거친 부분을 정리한다.

품질 관리와 테스트

- 137페이지의 '6'에서 말한 대로 테스트한다.

생각해 보기

다음 질문에 대한 답을 생각해 봅시다. 여러분이 생각한 대로 수정하고 프린트하여 답이 맞는지 확인해 보세요.

어떻게 차 뒤에 달린 날개가 엄청난 속도에도 자동차가 지면에서 뜨지 않게 도와줄까요?

날개를 뒤 범퍼 아래로 옮기면 어떻게 될까요?

도전! 디자인 바꾸기

윗면은 곡선이고 아랫면은 직선인 뒷날개를 만들 수 있나요? 이 날개가 자동차의 움직임에 어떤 영향을 줄까요?

숨어 있는 과학 이야기

날개는 날개의 한쪽이 다른 쪽보다 더 넓은 표면을 갖게 디자인합니다. 이렇게 하면 공기의 속도가 서로 달라집니다. 이로 인해 날개 위아래에 압력 차가 생겨서 뜨거나(비행기) 다운포스가 생기는 것(자동차)입니다. 빠른 속도로 달리는 포뮬러 1 레이싱에서부터 자동차에 날개를 다는 것이 유행했습니다. 자동차가 초고속으로 달리면 지면에서 뜨는데, 날개가 다운포스를 만들어 차를 지면에 눌러 주기 때문입니다.

용어 사전

그리드 스냅 틴커캐드에서 그리드의 간격을 정해서 객체의 치수를 조정하는데 사용할 수 있게 하는 도구.

끼워 맞추기 두 물체를 틈이 거의 없이 눌러서 끼워 넣는 것.

단차 없는 결합 두 개 이상의 조각을 합칠 때 같은 면에서 만나 틈이 없는 결합.

동심원 두 개의 원이 중심이 같고 하나가 약간 작다. 중심이 같기 때문에 두 원의 둘 사이의 거리가 일정하다.

모서리를 딴 면 모서리를 약간 경사지게 깎아 만든 사각면.

바이스 작업하기 쉽도록 물건을 잘 고정하는 장치.

볼–앤–소켓 결합 볼과 소켓 두 부분으로 이루어진 움직일 수 있는 결합. 볼을 소켓 안에 넣어서 소켓 범위 내에서 자유롭게 돌아간다.

손가락 뼈 인간 손가락에 있는 뼈.

스케치업 3D 모델링 소프트웨어.

압출 정해진 모양 틀에 원재료를 밀어 넣어 모양을 만드는 과정.

오토데스크의 유체역학 시뮬레이션 흐르는 유체에 객체를 넣었을 때, 유체의 흐름에 미치는 영향을 보여 주는 시뮬레이션 소프트웨어.

인대 인간의 몸에서 뼈와 뼈를 이어주는 신체 조직.

인체공학적 디자인 신체적 제약을 고려해서 인간이 사용하기 편하게 만든 디자인.

작업 평면 3D 모델링 소프트웨어에서 디자인을 하고 변경하는 작업 공간.

적층 제조 이미 만들어진 패턴/디자인을 기초로 재료를 층층이 쌓아 객체를 만드는 제조 공정.

주먹장 결합 두 객체를 비둘기 꼬리 모양의 꼬리와 홈으로 연결하는 결합.

폴리유산 3D 프린터로 객체를 만들 때 사용하는 플라스틱 필라멘트의 종류(PLA).

프렛 기타의 목에 올라와 있는 좁은 선으로, 기타 줄의 진동 길이를 조정해서 줄을 퉁겼을 때 다양한 소리가 나도록 해 준다.

플라스틱 필라멘트 플라스틱으로 만든 3D 프린터에 사용하는 재료.

힘 측정기 사물에 작용하는 힘을 재는 장비.

힘 측정 센서 작용하는 힘의 변화를 감지하는 센서.

CAD(컴퓨터 이용 설계) 2D나 3D 객체를 실제 재료를 가지고 만들지 않고, 컴퓨터를 이용하여 가상으로 디자인하는 설계 방법.

STL 파일 3D 프린팅에 사용할 3D 디자인을 저장할 때 쓰는 파일 형식.

좀 더 생각해 보기 원하는 독자를 위해 책 전반에 걸쳐 여러 가지 질문을 제시했습니다. 여기 그 답이 있습니다. 여기에 제시한 답이 유일한 답은 아니며, 더 좋은 답이 있을 수 있습니다. 최적의 답을 찾으려면 실제로 디자인하고 프린팅해 보는 것이 가장 좋습니다.

실험 1
결과물이 예상보다 가벼운가요, 아니면 무거운가요? 왜 그렇다고 생각하나요?
3D로 프린트한 물건은 내부채움에 따라 우리가 생각하는 것보다 가볍거나 무겁다. 내부채움은 물건의 면이나 벽 사이를 얼마나 채울 것인가를 의미한다. 대부분의 3D 프린터는 없음/최소에서 100% 채움까지 선택할 수 있다. 당연히 빈틈없이 채운 물건이 더 무겁다. 또한 내부를 채우는 패턴은 물건의 강도에 영향을 미친다.

프린트하고 있을 때 객체의 안을 본 적이 있나요? 있었다면 어떻게 생겼나요?
안은 일반적으로 육각형 패턴이지만, 3D 프린터의 세팅에 따라 다양하다. 프린트 과정을 보고 싶다면 중간에 멈추면 된다.

실험 2
원기둥 둥근 면의 상태는(옆면의 질감, 옆면의 '둥글기') 어떤가요?
대부분의 프린터는 여러 개의 짧은 선으로 원을 만든다. 이런 까닭에 곡면은 직사각형 평면 여러 개가 연결되어 있는 느낌이 난다. 더 많은 직사각형을 사용하도록 근사치를 올리면 좀 더 부드러운 곡면이 생긴다.

실험 3
퍼즐을 맞추는 전략은 무엇이었나요?
칠교놀이 퍼즐을 맞추는 방법은 여러 가지가 있다. 그중 하나는 정사각형을 그린 다음 그 안에 조각을 맞추는 것이다. 다른 방법은 2개의 큰 삼각형을 먼저 맞추고 나머지 조각을 맞추는 것이다.

퍼즐 조각들 사이에 연관성이 있나요? 있다면 설명해 봅시다.
작은 삼각형은 정사각형의 1/20이고, 큰 삼각형의 1/40이다. 이 외에도 조각들 사이에 다양한 관계가 있다.

실험 4
한 객체 안에 만들 수 있는 구멍의 크기에는 한계가 있나요?
객체 안의 구멍 크기는 객체의 벽과 관련이 있다. 만일 구멍이 벽과 너무 가까우면 그 부분의 벽이 약해진다. 엔지니어는 객체의 재질과 크기에 따라 구멍의 거리를 정하는 엄격한 기준을 가지고 있다.

후크를 거는 구멍이 한쪽으로 치우쳐 있어도 되나요?
때로 귀걸이를 색다르게 걸어보고 싶을 때가 있는데, 이럴 때는 후크 구멍을 중앙(무게 중심)에서 최대한 멀리 뚫으면 된다. 물론 후크 구멍을 무게 중심에 가깝게 뚫을 수도 있지만 이렇게 하면 귀걸이는 예쁘게 찰랑거리지 않는다.

실험 5
도넛 슬라이스의 호가 0.6이 아니고 0.4이면 어떻게 될까요?
호는 코트 걸이가 얼마나 구부러지는지 결정한다. 호 모양 때문에 물건이 걸이에서 떨어지지 않고 쉽게 매달려 있다. 호가 너무 짧으면 물건을 걸기 힘들다. 다른 디자인으로도 만들어 보고 어떤것이 가장 좋은지 알아보자.

왜 나사못 구멍이 가장자리에서 적어도 2mm 정도 떨어져야 할까요?
구멍은 구멍 주위에 있는 재질의 강도(구조적 견고함)를 떨어뜨린다. 만약 가장자리와 너무 가깝게 구멍을 뚫으면 나사못이 구멍과 가장자리를 부셔버릴 수도 있다. 가장자리와 2mm 정도 띄워서 구멍을 뚫으면 이런 가능성을 줄일 수 있다. 좀 더 넓은 공간(공학적 여유)을 두는 것도 좋다.

실험 6
여러분이 만든 모형에 사용한 대조적인 건축 스타일 두 개를 꼽아 봅시다.

건축에는 고전주의, 신고전주의, 부루탈리즘,* 고딕, 바로크 등 여러 가지 양식이 있다. 여러분이 사는 건물의 건축 스타일은 빌딩이 지어진 시대와 지역에 따라 다양하다.

건물마다 그 스타일을 사용한 이유는 무엇일까요?

건축 스타일은 건물을 짓는 목적에 따라 정해진다. 즉 원하는 임차인, 금액, 건축가, 스타일, 교육, 그 외 다양한 요소가 영향을 미친다.

실험 7

엄지손가락을 잃은 군인이 쓸 수 있는 손잡이를 만들 수 있나요?

빗을 잡으려면 손가락과 빗이 만나는 부분이 있어야 한다. 그리고 손의 두 부분 사이에 손잡이를 끼울 수 있어야 한다. 인간의 엄지손가락은 다른 손가락과 맞닿을 수 있기 때문에 이것이 가능하다. 하지만 엄지가 없다면 어떻게 해야 할까? 첫째는 손잡이의 폭을 넓히는 것이다. 이렇게 만든 손잡이는 손끝과 손바닥만으로 잡을 수 있다. 두 번째 방법은 손잡이에 손가락이 들어가는 홈을 만드는 것이다.

빗살의 간격이 1.5mm가 아니라 3mm이면 어떻게 될까요?

빗살 간격이 넓어진다는 것은 한 번 빗을 때 빗을 수 있는 머리카락이 적다는 뜻으로, 머리카락이 엉킬 가능성이 높다.

실험 8

와이어프레임에 동물이나 새, 물고기를 새겨 넣을 수 있는가? 종이클립을 덜 휘게 만들려면 디자인을 어떻게 바꿔야 할까요?

인터넷에서 좀 더 많은 해결 방법을 찾아보자. 유연성을 좌우하는 지점(위 클립이 아래 클립에 연결되는 지점)의 두께를 줄이면 좀 더 유연해진다. 위와 아래의 구분은 클립을 종이에 끼울 때 종이 위에 보이는지 아래로 들어가는지로 결정한다.

실험 9

디자인을 어떻게 바꾸면 삶은 파스타를 더 잘 뜰 수 있을까요?

간단한 방법은 숟가락 갈래의 길이를 늘이는 것이다. 숟가락 갈래나 숟가락 자체의 각도를 다르게 디자인해서 실험해 볼 수도 있다. 숟가락 손잡이 길이를 25.4cm 이상으로 만들면 깊이가 있는 파스타 냄비에서 파스타를 뜰 때 손을 델 염려가 적다. 그리고 숟가락의 구멍을 직선으로 뚫어 보자. 이렇게 하면 물은 여전히 빠지면서 파스타는 숟가락에서 덜 빠져나가게 된다.

실험 10

글자 O를 변형이 잘 되지 않도록 바꿔보세요.

O를 둥글림이 적게 사각형 형태로 만들면 변형이 적다. 아니면 글자의 두께를 두껍게 만드는 것도 방법 중 하나이다.

바이스에서 꺼낸 글자가 원래 모양대로 돌아간 것이 있나요? 있다면 이유는 무엇일까요?

M은 글자에 가한 힘이 사라지면 변형된 모습이 원래대로 잘 돌아온다. 물건의 유연성은 물건의 재질과 줄기가 서로 만나는 곳(관절)이 몇 군데인가에 따라 결정된다. 글자 M의 바깥쪽 줄기는 한쪽만 연결되어 있어서 유연성이 높아 복원이 잘 된다. 반면에 글자 A는 바깥쪽 줄기가 중간에서 만나는 관절이 하나 더 있기 때문에 유연성이 덜하다.

실험 11

산호초가 유속을 느리게 해야 할 이유는 무엇일까요?

산호초에 붙어사는 생명체와 흰동가리 같은 작은 물고기는 흐르는 물에서 플랑크톤을 섭취한다. 유속이 느려지면 플랑크톤을 먹을 기회가 늘어나게 된다.

실험 12

호루라기 안에 왜 구가 필요한가요?

호루라기 안의 구는 공기의 흐름을 방해해 특이한 소리가 나게 하는데, 이 소리가 사람들의 주목을 끄는 데 효과적이다. 어떤 호루라

---

* 1950년대 영국에서 형성된 건축의 한 경향으로 전통적으로 우아한 미를 추구하는 서구 건축에 대해서 야수적이고 거칠며 잔혹하다는 의미를 내포하고 있다.

기는 구가 없는 것도 있고, 다른 디자인으로 같은 효과를 내기도 한다.

같은 호루라기로 다른 소리를 내고 싶다면 디자인을 어떻게 바꿔야 할까요?

호루라기를 불면 공기가 소리 구멍의 사선을 타고 넘으면서 소리가 난다. 사선 부분을 고치거나 구멍의 크기를 다르게 해서 호루라기의 음의 높이나 진폭을 다양하게 만들 수 있다. 여러 가지 변형을 해 보면서 마음에 드는 소리를 찾아보자.

실험 13

왜 소켓보다 꼬리 부분이 좀 더 작아야 하나요?

꼬리와 소켓은 서로 부드럽게 끼워져야 한다. 만약 크기가 같다면 빡빡해서 잘 들어가지 않는다. 그래서 엔지니어는 이런 공차에 대한 기준을 가지고 있다.

실험 14

디자인의 한 부분만 바꿔서 핸드폰을 두 가지 각도로 세울 수 있나요?

지지대의 주먹장 결합을 반대 방향으로 끼우면 핸드폰을 세울 수 있는 각도를 바꿀 수 있다.

턱은 디자인에 어떤 도움을 주나요?

턱이 있어서 핸드폰이 미끄러지지 않고 거치대에 서 있을 수 있다.

분해해서 가지고 다니기 편하게 만들려면 어떻게 디자인을 바꿔야 할까요?

분해할 때 어디가 가장 두꺼운지 정한다. 그 다음 기능에 영향을 주지 않는 선에서 평평하게 만든다. 예를 들어, 거치대 턱을 1mm 정도 깎아도 핸드폰은 미끄러지지 않는다.

실험 15

볼의 지름과 소켓의 안쪽 지름의 차이가 고작 0.5mm라면 어떻게 될까요?

주먹장 결합에서처럼 볼과 소켓 사이의 여유가 적어도 1mm는 있어야 자유롭게 돌아간다.

소켓에 절개가 필요한 이유는 무엇일까요?

볼과 소켓 사이에 여유가 없으면 볼은 소켓 안에서 움직이기 힘들다. 그리고 볼의 가장 넓은 부분이 볼을 소켓에 집어넣을 때 좁은 윗부분을 통과해야 한다. 여유가 없다면 이것은 불가능하다. 따라서 소켓에 길게 절개를 넣으면 볼이 소켓에 들어갈 때 잘 늘어나고, 볼을 끼우고 나면 원래 모양으로 돌아간다.

실험 16

열쇠를 사용하지 않고 카메라를 세로 방향으로 잠글 수 있나요?

효율성은 떨어지고 3D로 프린트하기도 힘들지만, 볼과 소켓을 똑딱 단추 형태로 만드는 방법이 있다. 다른 형태도 고민해 보자.

소켓 부분의 절개에 열쇠 홈을 만든다면 어떻게 될까요?

절개 부분에 있는 열쇠 홈은 수평 방향으로 잠그는 건 여전히 가능하다. 하지만 수직 방향으로는 움직일 수 있다.

실험 17

다른 주먹장 결합을 이용하여 직접 연결되어 있지 않은 두 퍼즐 조각을 맞출 수 있나요?

두 개의 빨간색 작은 조각을 빼고는 모두 직접 연결되어 있다. 다른 연결을 없애거나 디자인을 바꾸지 않고서는 이 둘을 연결할 수 없다.

실험 18

실험 15에서 만든 볼-앤-소켓을 사용하면 손가락이 어떻게 움직일까요?

실험 15에서 만든 볼-앤-소켓 결합은 움직이는 범위가 모든 방향에서 똑같다. 여기서 쓰인 볼-앤-소켓 결합은 소켓이 파인 쪽으로 좀 더 자유롭게 움직인다.

실험 19

팔꿈치 관절이 180°까지만 움직이게 만들어서, 진짜 사람 팔꿈치와 비슷하게 만들 수 있나요?

움직임을 제한하고 싶은 방향의 소켓 높이를 높이면 그 방향으로 움직임이 제한된다(실험 17의 손가락 관절과 비슷함).

실험 18에서 손가락 관절을 만든 볼-앤-소켓 결합을 어떻게 변형하면 어깨 관절을 만들 수 있을까요?

이것이 가능 하려면 먼저 어깨의 회전 운동을 고려해야 한다. 하지만 한쪽으로만 파인 소켓은 움직임에 제한이 있다.

실험 20

음량을 높이려면 소리 구멍을 어떻게 바꿔야 할까요?

소리 구멍의 크기를 넓히면 소리도 커진다.

기타 속을 팔 때 기본 도형 대신에 파인애플을 이용한 이유는 무엇일까요?

원기둥 같은 기본 도형을 사용하면 오버행이 심해서 프린트가 제대로 되지 않는다. 파인애플 도구는 기타 모양과 비슷하게 속을 파줄 뿐 아니라, 곡선이라 오버행을 최소화할 수 있다.

실험 21

'6'에서 버튼과 걸쇠의 위치를 바꾸면 어떻게 될까요?

위치를 바꾸면 동작이 잘 안 될 수 있지만 버튼에 경사를 주면 좀 더 부드럽게 움직일 수 있다. 하지만 크기와 모양을 개선해도 여전히 불편할 것이다.

실험 22

저작물 사용 허가 표시는 무엇인가요?

저작물 사용 허가 표시는 저가가 자신의 저작물을 무상으로 쓸 수 있게 해 주는 것인데, CC 마크를 사용해야 한다.

실험 23

틴커캐드와 스케치업의 디자인 과정에서 차이점은 무엇인가요?

틴커캐드에서는 3D 기본 도형을 원하는 크기로 조절해서 사용한다. 스케치업에서는 2D 도형을 원하는 크기로 밀기/끌기해서 3D 도형을 만든다.

실험 24

구멍이 원기둥 바닥을 지나도록 밀어 넣으면 어떻게 될까요?

원기둥 바닥을 지나도록 구멍을 밀어 넣으면 그 뒤쪽으로 구멍 모양의 기둥이 생긴다.

실험 25

종이의 길이에 상관없이 넘어지지 않고 서 있을 수 있을까요? 왜 그렇게 생각하나요?

종이를 구부려서 세운다면 잘 서 있을 수 있다. 하지만 메뉴 홀더 바깥쪽까지 구부리지는 못한다. 그래서 큰 종이는 쉽게 넘어질 수 있다.

실험 26

어떻게 차 뒤에 달린 날개가 엄청난 속도에도 자동차가 지면에서 뜨지 않게 도와줄까요?

날개는 날개의 윗부분과 아랫부분에 흐르는 공기의 속도를 다르게 만든다. 이로 인해 생긴 다운포스가 차를 지표면으로 밀어 준다.

날개를 뒤 범퍼 아래로 옮기면 어떻게 될까요?

차 뒷부분의 공기의 흐름을 바꾸는 요소는 여러 가지가 있기 때문에, 정확한 예측을 하기 힘들다. 하지만 범퍼까지 자연스럽게 공기가 흐른다고 가정하면, 차 뒤에 달린 날개는 더 강한 다운포스를 만들어 낼 것이다. 레이싱 카의 코너링을 좋게 하기 위해 뒤 범퍼에 다양한 방법으로 날개를 사용해 왔다. 하지만 조정하기 힘들다고 한다.

감사의 글

늘 저를 지지해 준 아들 조셉과 비영리 단체 STEM을 만드는 데 용기와 도움을 준 아지쉐에게 감사를 전합니다. STEM의 활동이 이 책을 쓰는 데 중요한 자산이 되었습니다. 또한 디자이너 마이클 파커, 릴리 수, 넬슨 우브리에게도 감사드립니다. 이 분들은 실험 코스를 개발하고, 소중한 조언을 해 주었으며, 교육 효과에 대한 영감을 주었습니다. 이 책을 쓸 수 있도록 용기를 북돋워 주고 편집 기술과 마케팅 과정을 전혀 모르는 저의 무지를 끝없이 참아 준 편집자 조이 아퀼리노에게도 감사합니다. 마지막으로 저의 삶에 늘 함께하는 엔지니어링 학교의 멘토 칼 우드, 교육 멘토 조이스 딕슨 외에 이 책을 쓸 때 필요한 다양한 기술을 알려준 많은 분들께 감사를 전합니다.

작가에 대하여

엘드리드 세케이라는 교사와 장학사를 근 20년 가까이 해 온 교육자이자 엔지니어입니다. 현재는 뉴욕의 공립 학교에서 STEM(과학, 기술, 엔지니어링, 수학)의 책임자로 근무하면서, 구성주의 관점에서 STEM을 배우고 학업 능률의 향상을 원하는 대안 학교 네트워크를 이끌고 있습니다. 세케이라는 예전에 뉴욕시 교육 분야에서 300개 넘는 유초중고의 수학과 기술 기반 교육 프로그램을 관리했습니다. 그리고 지난 5년간 뉴욕시에서 2-12학년 학생들에게 방과 후 STEM 프로그램을 제공해 온 비영리 단체인 디멘션 러닝의 설립자이기도 합니다. 그는 뉴욕시 수학 프로젝트 연례 교육자 회의, ChickTech NYC ACT-W 회의, World Maker Faire 뉴욕 등에서 STEM 교육과 관련된 활발한 강연을 하고 있습니다. 세케이라는 디멘션 러닝의 커리큘럼과 뉴욕시의 교육 분야와 공립학교에 적용되는 다양한 STEM 프로그램을 주도하고 있습니다.

역자 후기

3D 프린터는 1980년대 말 등장한 이후로 눈에 띄는 발전을 거듭하고 있습니다. 처음에는 산업용으로만 쓰이고 재료도 플라스틱에 한정되었지만, 이제는 나무, 고무, 초콜릿 등 다양한 재료를 사용합니다. 최근 이스라엘의 한 스타트업 회사는 식물성 재료를 이용한 쇠고기를 3D 프린터로 만들었습니다. 쇠고기의 질감, 육즙, 지방 분포, 식감까지 포함해 다양한 감각 매개 변수를 이용해서 만든다고 합니다. 콩, 코코넛 지방, 해조류 등 식물성 재료를 사용하기 때문에 채식주의자도 무리 없이 즐길 수 있고, 실제 쇠고기를 생산하는 데 필요한 사료, 물 외에 온실가스의 배출에 대한 걱정도 줄일 수 있습니다. 이렇듯 하루가 다르게 발전하는 4차 산업 혁명 시대에 3D 프린팅 기술이 앞으로 어떤 형태로 발전하고 쓰일지 가늠할 수 없습니다.

이런 변화를 교육과 연계해 학교에서도 메이커 교육을 실시하고 있습니다. 메이커 교육은 학생들이 다양한 제품을 기획하고 디지털 도구를 이용해 직접 제작해 봄으로써 창의력과 문제 해결능력을 기르는 프로젝트 교육을 말합니다. 드론, 로봇, 사물 인터넷(IoT), 가상현실(VR) 외에 3D 프린터와 3D 펜으로 창작활동이 가능한 '메이커 스페이스 센터'가 조성되고 내년부터는 매해 100곳씩 500곳의 초·중·고등학교에 3D 프린터와 3D 펜을 보급한다고 합니다. 하드웨어 보급과 더불어 소프트웨어 교육도 중요한데, 학생들이 쉽게 접할 수 있는 프로그램으로 틴커캐드와 스케치업이 있습니다.

이 책에는 그런 필요성에 부합하는 흥미롭고 다양한 프로젝트가 들어 있습니다. 소마큐브, 칠교놀이, 휴대폰 거치대 등을 만들면서 자연스럽게 CAD 기술을 익힐 수 있습니다. 부족한 설명은 블로그 cookpq.blogspot.com에 올려놓았습니다. 번역하는 엄마 옆에서 열심히 틴커캐드로 본인의 디자인을 탐닉한 아들에게 감사를 전합니다.

2021년 2월
개포동에서

'손으로 만드는 이야기' 시리즈

아이와 함께 하는 **미술 실험실**
예술 새싹들을 위한 다양한 재료를 활용한
52가지 창의력 넘치는 미술 활동

아이와 함께 먹고 즐기는 **과학실험**
가족과 함께 부엌에서 할 수 있는
재미있는 실험

아이와 함께 하는 **부엌 실험실**
가족과 함께 집에서 할 수 있는
52가지의 실험

아이와 함께 하는 **야외 실험실**
들판, 정원, 놀이터, 공원에서
가족과 함께 즐기는
52가지 과학 실험

아이와 함께 하는 **베이킹**
아이들도 할 수 있는
빵과 과자 레시피!